こんなに面白い! 近鉄電車100年

その巨大さと複雑な歴史をひもとく

寺本光照
Teramoto Mitsuteru

交通新聞社新書 137

はじめに

近畿日本鉄道は、JRを除く私鉄では最長となる501・1㎞の営業キロを有し、その路線網は大阪・奈良・京都・三重・愛知の2府3県に及ぶ。そして、21路線からなる鉄・軌道線に在籍する車両は、路線によりゲージ（軌間）は1435㎜と1067㎜、集電方式と電圧は電車線（架線）が1500V、第三軌条式が750Vと異なっているほか、特急形と通勤形などの用途の違いで、形式数だけで286、両数となると1905を数える。

そして、過去に遡ると三重電気鉄道の合併で、営業キロが537・1㎞に達した1965（昭和40）年4月当時は、近鉄発足後の新製車両はもとより、その母体となる大阪電気軌道からの生え抜き車や、合併により近鉄の一員となった他社からの引き継ぎ車もまだまだ多く存在した。その中には鉄道車両史に残るような名車もあれば、ローカル線でつつましく地域輸送に励むナローゲージの車両も存在するなど、それぞれの出自の違いにより車両は個性的で、かつバラエティに富んでいた。それから50年以上が経ち、当時の在籍車は鉄・軌道線の営業用としては姿を消したが、現在を含め近鉄電車が鉄道ファンの間で高い人気を得ているのは、洗練された車両スタイルはもちろん奇をてらわない塗装や車内レイアウト、利用客目線に立った設備や適切なサービスにあるのではないだろうか。

本書は『こんなに面白い!近鉄電車100年』のタイトルで、第1章では近鉄線の中でもっとも早い時期に開業した河陽《かよう》鉄道から現在にいたるまで、123年間の近鉄のあゆみを車両もまじえながら解説し、第2章では40年から100年ほど前の時代にタイムスリップし、名古屋線や南大阪線の急カーブはどのような経緯で形成されたかを検証したほか、現在とはまったく異なり想像もつかないような近鉄沿線の風景や鉄道事情に思いを馳せ、同時に抜本的に改善した近鉄技術陣の苦心の跡を振り返ったりする。

さらに、第3章では、300に近い近鉄の駅から特徴的なホーム形態や構内配線を有する大和八木(八木西口)・橿原神宮前・伊勢中川の3駅の変遷について記述するとともに、車内放送での駅名の扱いといった身近な話題にも触れる。そして第4章では、特急列車を中心に近鉄の旅客サービス史のほか、他の私鉄には類を見ない切符(乗車券)の話や、鉄道ファンの間で人気のある「鮮魚列車」の歴史についても筆を進める。

なにぶん近鉄は、歴史・路線距離・車両数ともスケールが大きく、本書での記述はごく一部に過ぎないが、読者の方には「『こんなに面白い!近鉄電車100年』の本は、書名にぴったりだった」という評価をいただければ、筆者としてこれに勝る喜びはない。

こんなに面白い！近鉄電車100年――目次

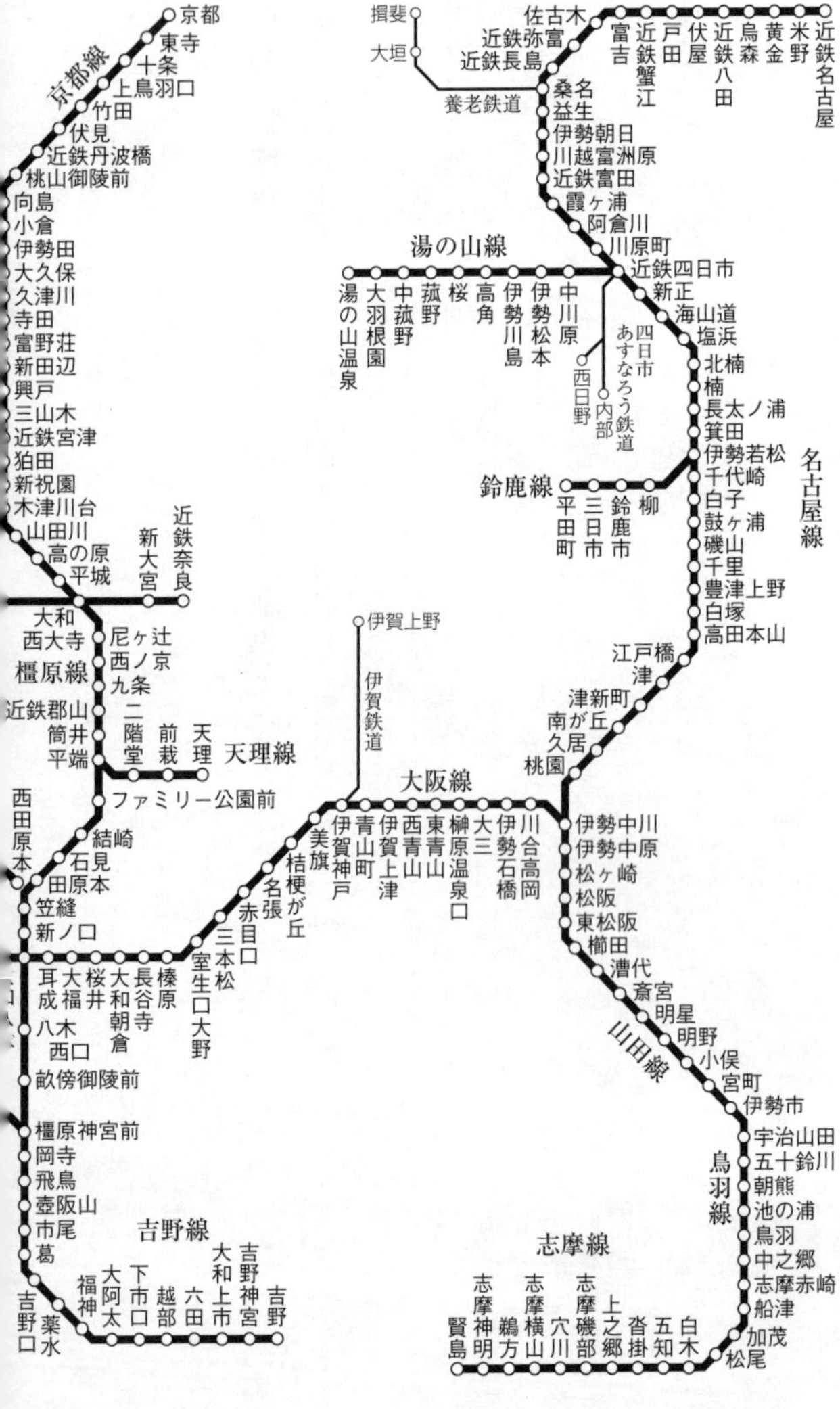
京都線
京都
東寺
十条
上鳥羽口
竹田
伏見
近鉄丹波橋
桃山御陵前
向島
小倉
伊勢田
大久保
久津川
寺田
富野荘
新田辺
興戸
三山木
近鉄宮津
狛田
新祝園
木津川台
山田川
高の原
平城
新大宮
近鉄奈良
大和西大寺
橿原線
尼ヶ辻
西ノ京
九条
近鉄郡山
筒井
平端
二階堂
前栽
天理
天理線
ファミリー公園前
西田原本
結崎
石見
田原本
笠縫
新ノ口
八木西口
畝傍御陵前
橿原神宮前
岡寺
飛鳥
壺阪山
市尾
葛
吉野線
吉野口
薬水
福神
大阿太
下市口
越部
六田
大和上市
吉野神宮
吉野
耳成
大福
桜井
大和朝倉
長谷寺
榛原
室生口大野
三本松
赤目口
名張
桔梗が丘
美旗
伊賀神戸
青山町
伊賀上津
西青山
東青山
榊原温泉口
大三
伊勢石橋
川合高岡
大阪線
伊賀上野
伊賀鉄道
揖斐
大垣
養老鉄道
近鉄名古屋
米野
黄金
烏森
近鉄八田
伏屋
戸田
近鉄蟹江
富吉
佐古木
近鉄弥富
近鉄長島
桑名
益生
伊勢朝日
川越富洲原
近鉄富田
霞ヶ浦
阿倉川
川原町
近鉄四日市
湯の山線
中川原
伊勢松本
伊勢川島
高角
桜
菰野
中菰野
大羽根園
湯の山温泉
西日野
内部
四日市あすなろう鉄道
新正
海山道
塩浜
北楠
楠
長太ノ浦
箕田
伊勢若松
名古屋線
鈴鹿線
柳
鈴鹿市
三日市
平田町
千代崎
白子
鼓ヶ浦
磯山
千里
豊津上野
白塚
高田本山
江戸橋
津
津新町
南が丘
久居
桃園
伊勢中川
伊勢中原
松ヶ崎
松阪
東松阪
櫛田
漕代
斎宮
明星
明野
山田線
小俣
宮町
伊勢市
宇治山田
五十鈴川
鳥羽線
朝熊
池の浦
鳥羽
中之郷
志摩赤崎
船津
加茂
松尾
志摩線
白木
五知
沓掛
上之郷
志摩磯部
穴川
志摩横山
鵜方
志摩神明
賢島

近畿日本鉄道 路線図

難波線
大阪難波
近鉄日本橋
大阪上本町
鶴橋
今里
布施
河内永和
河内小阪
八戸ノ里
若江岩田
河内花園
東花園
瓢箪山
枚岡
額田
石切
生駒
奈良線
東生駒
富雄
学園前
菖蒲池
長田
荒本
吉田
新石切
けいはんな線
学研奈良登美ヶ丘
学研北生駒
白庭台
鳥居前
宝山寺
梅屋敷
霞ヶ丘
生駒山上
生駒鋼索線
菜畑
一分
南生駒
萩の台
東山
元山上口
平群
竜田川
勢野北口
信貴山下
王寺
生駒線
新王寺
大輪田
佐味田川
池部
箸尾
但馬
田原本
俊徳道
長瀬
弥刀
久宝寺口
近鉄八尾
河内山本
服部川
信貴山口
信貴線
西信貴鋼索線
高安山
高安
恩智
法善寺
堅下
安堂
河内国分
大阪教育大前
関屋
大阪線
二上
近鉄下田
五位堂
築山
大和高田
松塚
大阪阿部野橋
河堀口
北田辺
今川
針中野
矢田
河内天美
布忍
高見ノ里
河内松原
恵我ノ荘
高鷲
藤井寺
土師ノ里
道明寺
道明寺線
柏原
柏原南口
古市
南大阪線
駒ヶ谷
上ノ太子
二上山
二上神社口
当麻寺
磐城
尺土
高田市
浮孔
坊城
近鉄新庄
忍海
近鉄御所
御所線
喜志
富田林
富田林西口
川西
滝谷不動
汐ノ宮
河内長野
長野線
葛城索道線
葛城登山口
葛城山上

第1章

近畿日本鉄道100余年のあゆみと車両たち

1. 日本最長の複線トンネルで阪奈間を直結（1906〜）

20世紀初頭の電気鉄道ブームの中で大阪電気軌道創業

元号を2つ遡った昭和年間、JR各社が国鉄と呼ばれていた頃まで大阪市を中心とする関西の鉄道は「私鉄王国」と呼ばれていた。特別料金不要の特急や急行を頻繁に運転し、並行する国鉄線を本数やスピード、サービスの面で圧倒していたのである。

この「私鉄王国」の図式が出来上がるのは、実は今から100年以上も前の1900年代から1910年代、元号では明治30年代後半から大正一桁にかけての頃である。当時、大阪市内を起点とする電気鉄道起業ブームが起こり、それまで市街地の道路上を走っていた「路面電車」は、近接の府県都や観光地を結ぶ郊外電車へと発達を遂げる。そのトップランナーが1905（明治38）年に開業した阪神電気鉄道（出入橋〔梅田西方、現廃止〕〜神戸間）であり、1910年（明治43）には箕面《みのお》有馬電気軌道（梅田〜宝塚間）と京阪電気鉄道（天満橋〜五条間）が続く。さらに、1903（明治36）年に蒸気鉄道として難波〜和歌山市間が全通していた南海鉄道も、1911（明治44）年に全線を電化し旅客全列車を電車化する。何れも1両だけでの運転で、南海を除けば路面電車の域を抜け出ていないスタイルの車両だったが、フリークェントサービスにより並行する蒸機運転の国鉄線利用客を奪っていった。

こうした中、大阪〜奈良間にも電気鉄道敷設の計画が進められ、1906（明治39）年5月から7月にかけて、3団体から特許が出願されるが、大阪府と奈良県の斡旋で合同し、翌年4月に奈良電気鉄道として、大阪市上本町6丁目と奈良市三条町間に敷設特許が公布される。しかし、大阪・奈良両市内に併用軌道区間があり、軌道条例を適用することで6月には会社名を奈良軌道に変更。その後、会社創立直後の1910（明治43）年10月に会社名は大阪電気軌道（以下、大軌《だいき》）となり、8カ月後の1911（明治44）年6月19日に本線建設工事が開始される。

生駒トンネル掘削により、大阪〜奈良間開業

一般に鉄道会社は路線建設の免許や特許を得れば、可能な限り早い時期に鉄道用地を確保し、工事に着手するのが本筋だが、大軌の場合はその間4年余りの月日を要している。これについては社名を奈良軌道に変更した直後に、日露戦争後の好況が反動期に転じて金

融が逼迫し、会社創立まで成り行きを静観しなければならなかったことと、阪奈間に立ちはだかる生駒《いこま》山地をどのように克服するか答えを出すのに時間を要したのが理由である。

生駒山地そのものは主峰の生駒山でも標高は６４２ｍなので、山としては別段高くはないものの、傾動地塊で大阪側からは屏風のようにそびえ立つ急斜面の形状をなしているのが特徴である。そのため、すでに大阪・奈良の両市を結んでいる国鉄関西本線（全通時は初代・大阪鉄道）は生駒山地南端部の大和川沿いに、同片町線（全通時は関西《かんせい》鉄道）は標高の低い山地北端部の丘陵地帯を通過していた。何れも明治中期の１８９０年代の開通で、馬力の弱い蒸気鉄道では急勾配と長大トンネルの掘削を回避するため、生駒山地を迂回するルートの選択は致し方なかった。それが理由で直線距離では25km前後にすぎない大阪・奈良両市間を結ぶのに、関西本線天王寺〜奈良間は37・５km、片町線経由の片町〜奈良間は52・４kmの距離を要し、後者にいたっては阪奈間連絡鉄道としての形態を成していなかった。

そこで、大軌は奈良軌道当時から阪奈間を短絡するため、あえて生駒山地の中央部の日《くさ》下《か》（後に鷲尾を経て孔舎衛坂《くさえざか》、現廃止）〜生駒間を延長３km以上に及ぶ生駒トンネルで抜ける計画を立てるが、ここで大きな問題が生じる。つまり生駒トンネルを建設するには、

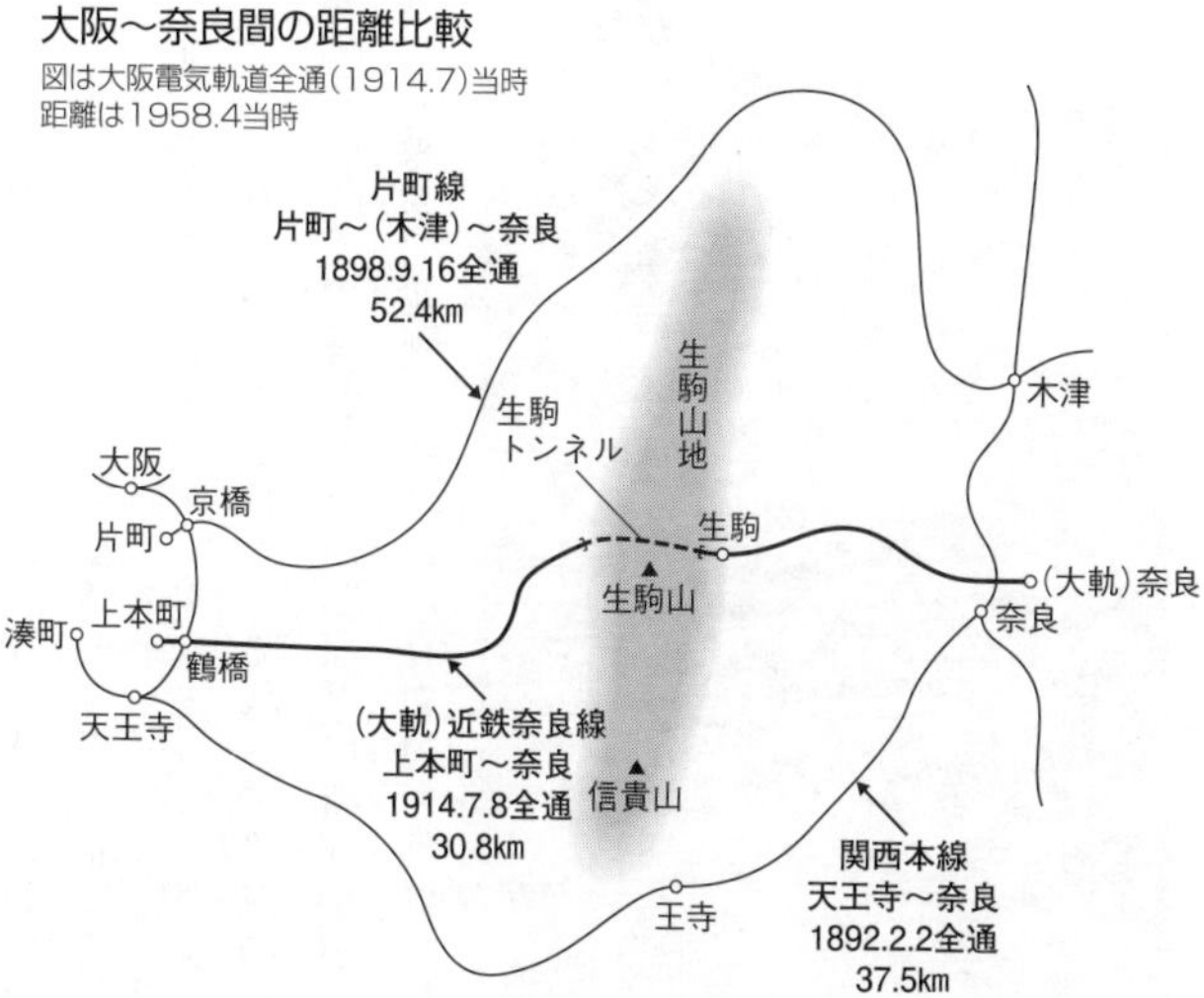

生駒山のなだらかな山並みがはっきり見える生駒トンネル東口に向かう上本町行きデボ1形　絵葉書提供＝宮田憲誠

その工事だけで資本金の大半を投入しなければならず、そうなると阪奈間の鉄道建設どころではなかったからである。そこで、北に迂回し現在の阪奈道路付近に出て延長2km前後のトンネルで抜ける案や、枚岡《ひらおか》東方の暗峠《くらがりとうげ》を頂点とし電車をロープで上下させるインクライン方式が計画される。それらを検討の結果、輸送力が著しく低く抑えられるうえに峠越え区間での補助車両連結などに時間がかかるインクライン方式はボツ。コスト面を考慮して無難な北側迂回経路が有力視されていたが、着工直前になって生駒トンネル案に決

日下駅(後の孔舎衛坂駅)が開業する前の生駒トンネル西口で離合するデボ1形　絵葉書提供＝宮田憲誠

生駒駅からは生駒トンネル東口が遠望できる。　絵葉書提供＝宮田憲誠

定する。北側迂回案だと関西本線のルートと距離で大差がなく、当時湊町（現ＪＲ難波）～柏原《かしわら》間の複線運転を行なっていた関西本線が将来湊町～天王寺～奈良間の電気運転を開始すれば、北側迂回経路では必ずしも有利とはいえない。後日に悔いを残さぬためには、最初にウンと金を掛けてでも生駒トンネルを建設し、阪奈間を最短距離で結ぶべきであるという、会社幹部の英断によるところが大きかった。

懸案の生駒トンネル建設工事は上本町～奈良間の本線建設工事開始直後の１９１１（明治44）年7月4日に着手される。しかし、延長距離では国鉄中央線の笹子《ささご》トンネルの４６５６ｍに首位の座を譲る３３８８ｍながら、複線式断面の長大トンネルはわが国では初の試みだった。そのため、当初から難工事が予想され、実際に掘削が進まない日さえあった。さらに、１９１３（大正2）年1月26日には岩盤崩壊により１５３名が生き埋めになり、うち19名が死亡する大事故に見舞われる。その間、資金難に陥るなど苦難の連続だったが、株主や債権者の理解もあり、翌年4月18日にトンネル工事が竣工。ほぼ同時に全線の線路施設も完成し、4月30日に上本町～奈良（高天町仮駅）間30・6㎞が待望の開業を迎え、その2カ月後の7月8日には0・2㎞先の本駅にまで延長される。

大軌の阪奈間全通に伴い、生駒山中腹の宝山寺は大阪・奈良からの参拝客の増加が見込まれるため、奈良本駅延長の2日後に生駒鋼索鉄道が創立され、1918（大正7）年8月に生駒鳥居前～宝山寺間にわが国初のケーブルカーが運転を開始する。宝山寺の門前町として開けた生駒町（現生駒市）は、交通の要所として発展を遂げる。

大出力のデボ1形により、上本町～奈良間を50分で結ぶ

大軌は大阪～奈良間開業に際し、デボ1形18両を新製投入する。当時、関西私鉄での流行といえた半円形の正面に5枚窓を持つ15m級3ドアの木製電車で、ポール集電や大きな救助網を有するあたりは、同じ軌道条例で建設された標準軌の阪神・箕面有馬（現阪急電鉄）・京阪と変わらないが、他社の車両との大きな違いは当時としては最大出力とされる米国ゼネラル・エレクトリック社の123kW主電動機を車両に2基装備していることにあった。これは、生駒トンネルの前後に存在する30～36‰（パーミル）の連続急勾配を乗り切るためで、電気制動も併設していた。ちなみに当時、他社の車両で

大軌電車開業当日の上本町駅正面。屋根上に「なら行」と大きくアピール。　写真提供＝近鉄グループホールディングス

近鉄デボ1形。モ200形（212）を原型に復元展示。2017（平29）.5.12　五位堂検修車庫。

これに次ぐのは少し後の1920（大正9）年に登場した阪急51形の48kW×4で、この数字だけでもデボ1形の出力がいかに突出しているか、分かるというものである。また、デボ1形は内装にも力が注がれ、柱や肘掛けには彫刻が施されたほか、座席はロングシートながらも背摺りや座面の布には花模様の入った高級品が使用されるなど、国鉄では2等車（現グリーン車）並みであった。

上本町～奈良（本駅）間開業時における列車は、デボ1形単行による普通だけだったが、途中13ある各駅に停車しながらも50分で結ぶ。この到達時分は関西本線列車の天王寺～奈良間より約20分速いだけでなく、1時間当たりの運転本数も関西本線の片道1～2本に比べると大軌は6～10本と圧倒しており、直通客を奪うまでに時間はかからなかった。こうして、生駒トンネル建設により大阪～奈良間での覇権を握ったことは、大軌にとって後に近畿・中部2府4県にまたがる（戦時合併の南海鉄道の線路がある和歌山県を除く）大私鉄へと発展する礎となるのである。

2．河内・大和で地固め、吉野も手中に（1920～）

畝傍・桜井線の建設

大阪～奈良間開業当初は生駒トンネル工事での負債に加え、頼みにしていた運賃収入も思いのほか振るわなかったことで、一時は解散寸前にまで追い込まれた大阪電気軌道だが、その後は第一次世界大戦による好況もあって利用客が増加し、大戦後の1919（大正8）年には株の配当が復活するまでになる。

在阪私鉄として業績が安定した大軌は、大和・河内一円に鉄道網を拡大する計画を立て、まず、1920（大正9）年5月に西大寺（現大和西大寺）～橿原《かしはら》神宮前間（現駅よりも北西方向にある旧駅・以下、旧駅）の畝傍《うねび》線（現橿原線）建設に着手し、1923（大正12）年3月21日に全通させる。この間、1921（大正10）年1月に法隆寺～天理間の天理軽便鉄道を買収し、平端《ひらはた》～天理間の軌間を762㎜から1435㎜に改軌のうえ電化、上本町～天理間で直通運転を実施する。大阪～奈良間の都市連絡鉄道から、後に2府4県にまたがる大私鉄に発展する近鉄の歴史は、まさに合併や買収の歴史ともいえるが、その第1号が天理軽便鉄道だった。さらに、翌年1月には生駒鋼索鉄道も大軌に合併され、大軌としては初の鋼索線になるとともに、1929（昭和4）年3月には宝山寺〜生駒山上間の山上線が開業する。これにより、大軌は畝傍線全通時において、すでに生駒・奈良・橿原神宮・天理といった、著名神社・仏閣・宗教本部所在駅を手中に収める。徒歩範囲でない2地点間を結ぶ乗り物や交通機関が限られていた当時、参拝客輸送は鉄道会社にとってドル箱だったのである。

さて、畝傍線を全通させた大軌は足代《あじろ》（現布施）から分岐して河内平野を横断し、八木（現大和八木）を経て桜井に至る桜井線の建設に着手。工事は足代方と八木方の双方から実施され、1927（昭和2）年7月1日の恩智《おんち》〜高田（現大和高田）間開業により、布施〜八木（現八木西口）間が全通する。これにより、大阪からは従前の西大寺経由のほか、桜井・畝傍線経由でも橿原神宮前（旧駅）への直通が可能となる。また、1925（大正14）年9月から約2年の間、大阪方の終点だった恩智駅周辺では、いちごを栽培して大軌電車で大阪市内に出荷する一方、農園ではいちご狩りを行なうなど、行楽客の誘致にも力が注がれた。

桜井線八木（現大和八木）〜桜井間については、宇治山田延長との絡みもあって地方鉄道法での免許を得て着工。開業は１９２９（昭和４）年１月５日になる。さらに、１９３０（昭和５）年12月15日には桜井線の支線として信貴《しぎ》線山本～信貴山口間が開業。同日には信貴山電鉄の手で信貴山口～高安山間の鋼索線と、高安山～信貴山門間の山上平坦線が営業を開始し、信貴山上へは先の信貴生駒電鉄による奈良側の王寺～山下～信貴山間の後を追うように、大阪側からのルートが完成する。

ところで、大軌桜井線は現在の近鉄大阪線の起点区間であることから、当初から大型の鋼製電車で高速運転が行なわれていたというイメージが強いが、足代～八木間は上本町～奈良間や畝傍線と同様に軌道条例で敷設特許を受けており、布施～桜井間全通時の電圧は直流６００Ｖで、デボ１形と同スタイルの改良増備車デボ61形（↓近鉄モ２６０形）や、箱形車体で正面３枚窓・乗務員室ドア付きのデボ２０１形（↓近鉄モ２５０形）といった木製車が活躍していた。鋼製車の登場は１９２９(昭和４）年３月のデボ１０００形からで、それに伴い４月１日に八木～桜井間が１５００Ｖに昇圧。翌年にはデボ１２００形とデボ１３００形が新製され、布施～大軌八木間は数ブロックに分けて同年中に１５００Ｖへの昇圧工事が完了する。信貴線については開通時期との関係もあって地方鉄道法で建設され、電圧は当初から直流１５００Ｖだった。

桜井線用電車については、1000形は19m、1200形と1300形は大軌としては初の20m車体を持つ大型車で、名張方面への乗り入れも考慮し、主電動機は150kW×4の大出力のものを装備していた。これら大型鋼製車の桜井線入線に伴い木製車は600Vの奈良・畝傍線の増強用に充てられるが、デボ61形とデボ201形は1922（大正11）年以後に製造され、出力も78kW×4でデボ1形よりも大きいことで、戦後の1955（昭和30）年以降に鋼製化されて460系となり、1969（昭和44）年の奈良線系線区の1500V昇圧時まで使用された。

吉野を巡る大阪鉄道との競争

大軌が西大寺～橿原神宮前間の建設に着手している頃、大阪南河内には2代目・大阪鉄道、奈良県中部には吉野鉄道が、それぞれ関西本線柏原《かしわら》・和歌山線吉野口から分岐する1067㎜ゲージの蒸気鉄道として地域輸送にいそしんでいた。

このうち大阪鉄道は、1896（明治29）年3月に創設された河陽《かよう》鉄道が前身で、同社は1898（明治31）年4月14日に柏原～富田林《とんだばやし》間を開業させるが、経営難のため河南《かなん》鉄道に事業を譲渡して解散。河南鉄道は富田林～長野（現河内長野）間の鉄道建設を継承し、同区間は１９０２（明治35）年12月12日に全通する。同社はこの頃から大阪進出を計画しており、１９１８（大正７）年６月になって道明寺〜大阪天王寺間の免許を取得。翌年３月に会社名を大阪鉄道に改称する。河内平野をすでに走っていた大軌（大阪電気軌道）に対して、大阪鉄道は大鉄《だいてつ》と通称された。そして、大鉄は１９２２（大正11）年４月19日に道明寺〜布忍《ぬのせ》間を開業させ、１年後の１９２３（大正12）年４月13日には待望の大阪天王寺（現大阪阿部野橋）に進出する。沿線から東側に見える二上山の向こうに位置する大和平野では、大軌畝傍線が橿原神宮前（旧駅）への全通を迎えたばかりだった。

天王寺開業を果たした大鉄は、１９２４（大正13）年６月までに、柏原〜長野間を含む全線を全国では初の直流１５００Ｖ方式で電化し、ローカル蒸気鉄道から大都市と近郊を結ぶ高速鉄道に変身する。参考までに、当時の国鉄では信越本線碓氷峠部分の横川〜軽井沢間と、東京都市圏電車区間（中央線東京〜国分寺間、京浜線東京〜桜木町間、山手線品川〜池袋〜上野・赤羽間）だけが電化区間で、前者は直流６００Ｖ、後者は直流１２００Ｖだった。国鉄で直流１５００Ｖ方式が採られるのは１９２５（大正14）年12月の東京〜国府津・横須賀間電化からで、こちらは電気機関車牽引の客車列車として運転されていた。

一方、吉野鉄道は１９１１（明治44）年３月に吉野軽便鉄道として発足。１９１２（大正元）年10月25日に吉野口～吉野（旧駅、現六田《むだ》）間が開業し、翌年5月に社名が吉野鉄道に改称される。その吉野鉄道は、大軌畝傍線全通8カ月後の１９２３（大正12）年12月5日に吉野口～橿原神宮前（旧駅）間を開業。大軌畝傍線に接続するとともに全区間を電化して電車運転を行なう。電化方式は直流１５００Ｖとされるが、これは吉野鉄道が大軌や大鉄と資本関係を持ち、ゲージが同一の大鉄と大阪阿部野橋からの直通を視野に入れていたからである。そして、吉野鉄道は翌年11月１日に橿原神宮前（旧駅）～畝傍間、１９２８（昭和3）年３月25日には六田～吉野間を開通させ、橿原神宮への参拝輸送のほか、吉野山への参拝や花見輸送を強化する。

近鉄モ5211形・5211。角ばった車体が特徴の旧吉野鉄道引継ぎ車。　1969（昭44）4.29　上ノ太子～二上山

　ところで、大阪市内進出後の実績により現在でいう大手私鉄の仲間入りを果たした大鉄は、大和延長線の計画を立て、１９２６（大正15）年11月に堺～高田～桜井間などの免許を持つ南大阪電気鉄道を合併。そして、１９２９（昭和４）年３月29日に古

市～久米寺（現橿原神宮前）間を開業させる。これにより吉野鉄道とはレールがつながり、大阪阿部野橋～吉野間での相互直通運転が開始される。直後の吉野山花見輸送では、「大鉄と吉野鉄道の両社は大いに潤った……」と書きたいところだが、4月14日に花見客を満載した吉野行き6両編成列車が、上ノ太子《かみのたいし》駅東方の上り33‰勾配途中で電圧降下のため運転不能に陥り、切り離した後部2両が逆走。後続列車に衝突し、死者2名、負傷者50人余りを出すという大事故を起こす。

また、この事故とは別に、かねてから独力で吉野直通を計画していた大軌は、その前年に橿原神宮前（旧駅）から路線を南下させ、芦原峠を越えて大淀・吉野に達する標準軌短絡線の免許を取得するとともに、急ピッチで吉野鉄道の株式買入れを進め、1929年8月1日に吉野鉄道を合併。これにより、大軌は創業以来の1435㎜と、新法隆寺～平端間の762㎜に加え、1067㎜の3つのゲージを持つ鉄道会社になる。逆に大鉄にとってはせっかくの吉野直通電車も、久米寺から先はライバル会社の線路を走るという屈辱を味わうが、先の大和延長線に関しては大軌に新株の一部を引き受けてもらっていることや、建設費や車両面での過度な費用投入で多額の負債があるうえに、前述の大事故で世間から非難を受けているとあっては、どうしようもなかった。車両については、大鉄は1923

近鉄モ6601形・6629。わが国初の20m電車で、かつては南大阪線の顔だった。 1970(昭45)4.6　上ノ太子～二上山

（大正12）年の電化に際しデイ1形（↓近鉄モ5601形）13両を製造する。大軌デボ1形同様に半円形の正面に5枚窓を持つ15m級3ドアの木製電車だが、10年の時の流れか、屋根はシングルルーフでパンタグラフを装備するほか、2つ1組にまとめられた窓上には典雅な半月形の飾り窓が付けられているのが特徴だった。このスタイルは半鋼製車体を持つ1925（大正14）年製のデロ25形（↓近鉄モ5621形）や、少し大型化した1927（昭和2）年製のデハ101形（↓近鉄モ5651形）にも引き継がれた。その後、大鉄は吉野鉄道直通用として、デニ500系（↓近鉄モ6601形など）を1928（昭和3）年

8月に、一挙50両を登場させる。わが国の電車としては初の20m車で、座席の一部はクロスシート。屋根が深いうえに腰板が非常に高く、2カ所のドア間には694㎜の2段上昇式の小窓が並び、スマートさからはほど遠い位置にあるものの、逆にいえば豪快そのものといった感じで、玄人受けする車両だった。

もう一方の吉野鉄道では、電化時の1923（大正12）年にテハ1形（↓近鉄モ5151形）と、大軌との合併直前に登場したテハ201形（↓近鉄モ5201形）が代表車といえる。テハ1は木製車だが、大鉄デイ1のような関西に多い半円形のタイプではなく、角形車体に正面3枚窓、車体下部は台枠剥き出しという国鉄電車（木製省電）に近い形態をしていた。テハ201は1929（昭和4）年製としては珍しい1100㎜の広窓を持つ全鋼製車で、こちらも同じ頃に登場した武蔵野鉄道（現西武鉄道）のデハ5560形に類似したスタイル。要は、吉野鉄道では東京の電車が大和の山里を走っているような感じだった。

近鉄モ1000形・1004。大阪線初の鋼製車で同線では唯一の19m車。 1970（昭45）.4.6 大和朝倉～長谷寺

3．伊勢・名古屋への進出（1927～）

系列会社の参宮急行により神都・宇治山田に進出

伊勢神宮は正式には「神宮」といい神社界の本宗であり、皇室の氏神である天照大御神《あまてらすおおみかみ》を祭る内宮《ないくう》（皇大神宮）と、五穀豊穣の神とされる豊受大御神《とようけのおおみかみ》を祭る外宮《げくう》（豊受大神宮）とから成っていて、古来より多くの人々の崇拝を集めている。

大軌は第一次世界大戦景気により会社経営が安定し始めた頃から、神都伊勢に進出する計画を立て、畝傍線の建設に着手した1920（大正9）年に八木～宇治山田間の特許申請を行なうが、事はそう生易しく運ばなかった。というのは、当時新王寺～田原本《たわらもと》（現西田原本）間に路線を持ち、桜井まで延伸工事中の大和鉄道がすでに桜井～名張間の免許を取得しており、引き続き名張～宇治山田間の延長申請を行なっていたからである。さらに、このほかにも前述の大阪鉄道や、奈良県の有力事業者も伊勢進出を企画していたので競願となるが、実績から大和鉄道の優位性は動かなかった。だが、奈良県内のローカル蒸気鉄道に過ぎない同社が直線距離でも60km前後ある名張～宇治山田間の鉄道建設を行なうこと

鉄道第二連隊が秋期演習で建設に参画した青山トンネルの貫通により参急は山田まで到達した。　絵葉書提供＝宮田憲誠

は資金力からしても困難であった。

　そこで大軌は、１９２５（大正14）年に大和鉄道の株式の大部分を取得して系列下に入れる。そして１９２７（昭和２）年４月に同社が名張〜宇治山田間の免許を得ると、同年９月に大軌と大和鉄道の発起人が参宮急行電鉄（以下、参急）を創立。大和鉄道が保有する桜井〜宇治山田間の免許は参急に譲渡され、同社は１９２８（昭和３）年３月から大軌桜井線と並行する形で参急本線桜井〜宇治山田間の建設に着手する。桜井〜名張間と伊勢平野部の中川〜宇治山田間が複線、山岳地帯で沿線人口が希薄な名張〜中川間は単線で建設されるが、奈良・三重県境の宇陀山地や伊賀・伊勢国境の布引山地は地盤の起伏が激しく、

近鉄モ2200形・2206。撮影当時2ドア車は残り少なくなっていた。 1967(昭42).8.20　白塚

延長３４３２ｍの青山トンネルをはじめとするトンネルの掘削は16カ所に及ぶほか、鉄橋や切通、盛土の区間も多く建設しなければならないという難工事だった。そのため、参急本線は一気に開業とはいかず、青山トンネルを含む阿保《あお》（現青山町）～佐田（現榊原温泉口）の竣工を最後に、外宮最寄りで国鉄参宮線の山田（現伊勢市）に達したのが１９３０（昭和５）年12月20日、桜井～宇治山田間の全通は翌年３月17日のことであった。

この間、大軌は伊賀上野～西名張間に路線を持ち、建設中の参急本線と一部区間が競合する伊賀電気鉄道を１９２９（昭和４）年３月に合併。参急本線全通後の１９３１年9月に参急に譲渡され、伊賀神戸で本線に接続する参急伊賀線になる。

参急本線全通に際し、参急は１９３０年10月から１９３１年5月にかけて大阪〜伊勢間直通用電車としてデ２２００系４形式（デ２２００・デトニ２３００・ク３１００・サ３０００）57両を世に送り出す。何れも20ｍ車で、特別室と荷物室を併設するデトニ２３００形以外の形式はドア間に８００㎜の窓が16個並び、ドア付近がロングシートであるほかはシートピッチ１８６０㎜のゆったりした固定クロスシートが配置されていた。同時期に国鉄横須賀線用電車として製造されたモハ32系の2等車であるサロ45形の固定クロスシート部分のシートピッチが１７６０㎜だったので、デ２２００系の居住性は国鉄の2等車以上だったわけである。比較の対象にするには気が引けるが、モハ32系の３等車であるクハ47形のシートピッチは１４００㎜で、背摺は板のままだった。

伊勢電気鉄道電化開業当時の津新地駅に停車中のモハニ101形。 絵葉書提供＝宮田憲誠

近鉄モニ6221形・6225。旧伊勢電鉄の17m車で晩年は養老線で活躍。1978（昭53）.7.23　美濃山崎〜石津

デ２２００系の登場により、上本町〜伊勢間直通急行電車は、山田開業の１９３０年12月から最大６両編成で運転を開始する。１５０kW×４の大出力主電動機のほか、33‰勾配が連続する青山越え対策として電気制動を常用し、それまで国鉄関西・参宮線の快速列車が３時間30分かけて結んでいた類似区間（湊町〜山田間）を１時間以上短縮する２時間10分台の俊足で結んだ。国鉄の参宮快速も打つ手なしといった感じだった。

山田進出を果たした参急の５日後に、伊勢電気鉄道（以下、伊勢電）が山田駅西方の大神宮前まで乗入れる。同鉄道は三重県都の津と四日市の短絡を目的として、１９１１（明治44）年11月に伊勢鉄道として創設された１０６７㎜ゲージの蒸気鉄道だが、四日市〜津新地間の本線と、伊勢若松〜伊勢神戸（現鈴鹿市）間の神戸支線開通後の１９２６（大正15）年９月に、会社名を伊勢電気鉄道に変更し同年12月26日、まさに昭和の幕開けとともに川崎車輌製の15m級半鋼製車モハニ101形6両で電車運転を開始。以後、名古屋と伊勢の両方向への建設免許を取得して、桑名までは1929（昭和4）年1月30日に開業させるが、参急へのライバル意識からか名古屋延長は先送りし、何と伊勢進出を優先したのである。

伊勢電は同年10月に桑名〜揖斐《いび》間に路線を持つ養老電気鉄道を合併していたため、伊勢進出後は桑名〜大神宮前間でモハニ231形（→近鉄モニ6231形）＋クハ471形（→近鉄ク6471形）による特急運転を行なうほか、養老線（現養老鉄道）への直通運転を実施する。両形式とも17m車体ながら、ドア間にシートピッチ970㎜の転換クロスシートを有し、居住性だけに関しては参急デ2200と同等か、その上をゆく車両だった。

ともあれ、1930年代初頭の伊勢平野には国鉄参宮線・参急本線・伊勢電本線の3つの鉄道が神都・伊勢を目指す。山田駅前からは宇治山田駅前経由で、〃神都のチンチン電車〃と呼ばれる合同電気の路面電車が内宮前や二見を結んでおり、山田付近の鉄軌道は現在では想像も及ばないほど賑やかだった。

標準軌・狭軌を乗換えながら大阪〜名古屋間の電車旅実現

参宮急行電鉄は桜井〜宇治山田間の鉄道建設を目的として創設された会社だが、それと

開業当時の関西急行電鉄名古屋地上駅舎。背後に国鉄名古屋駅の高架ホーム上屋が見える。　写真提供＝近鉄グループホールディングス

は別に設立直後から名古屋への進出を計画していた。当時の国鉄東海道本線大阪～名古屋間は未電化のため、急行でも4時間以上を要していたが、大阪～伊勢間を2時間強で結ぶ高速電車の運転を計画していた大軌と参急は、電車なら大阪～名古屋間を3時間半以内で走破することができ、しかも、煙が車内に入る心配もないことで、国鉄利用客の移行が見込めると踏んでいたのである。だが、伊勢平野には伊勢電が桑名～津新地～大神宮前間の全通に向けて建設工事もたけなわであるため、参急は無理をして新線を建設するよりも伊勢電との連携輸送を選択する。

そして、その第一段階として参急は1928（昭和3）年4月に岩田橋（津市内・

近鉄モ6301形・6304。有料特急創設時に活躍。撮影当時は片運転台・ロングシート化済。　1967（昭42）.3.21　米野

現廃止）～伊勢川口間の路線を有していた中勢《ちゅうせい》鉄道（未電化・762㎜ゲージ）を系列下に収め、同社が所持していた津～中川間建設免許を譲り受け、参急津線として着工。同区間は1932（昭和7）年4月に1435㎜ゲージで全通し国鉄津駅に乗入れる。そして、津では駅舎が隣接する部《へ》田《た》で伊勢電鉄線に接続。これにより津での徒歩連絡があるものの、大軌沿線から桑名までの電車旅が可能になる。

　桑名～名古屋間については、関西本線が関西鉄道時代から使用していた木曽・長良・揖斐3河川のトラス橋を架けかえる際に、伊勢電に譲渡・貸与しているので、あとは伊勢電による鉄道建設を待つばかりだった。だが、伊勢電は桑名～大神宮前間だけの路線ではローカル私鉄の域を出ず、し

大阪（上本町）〜名古屋間全通時における
四日市〜宇治山田間の鉄道地図　1938（昭和13）年6月26日当時

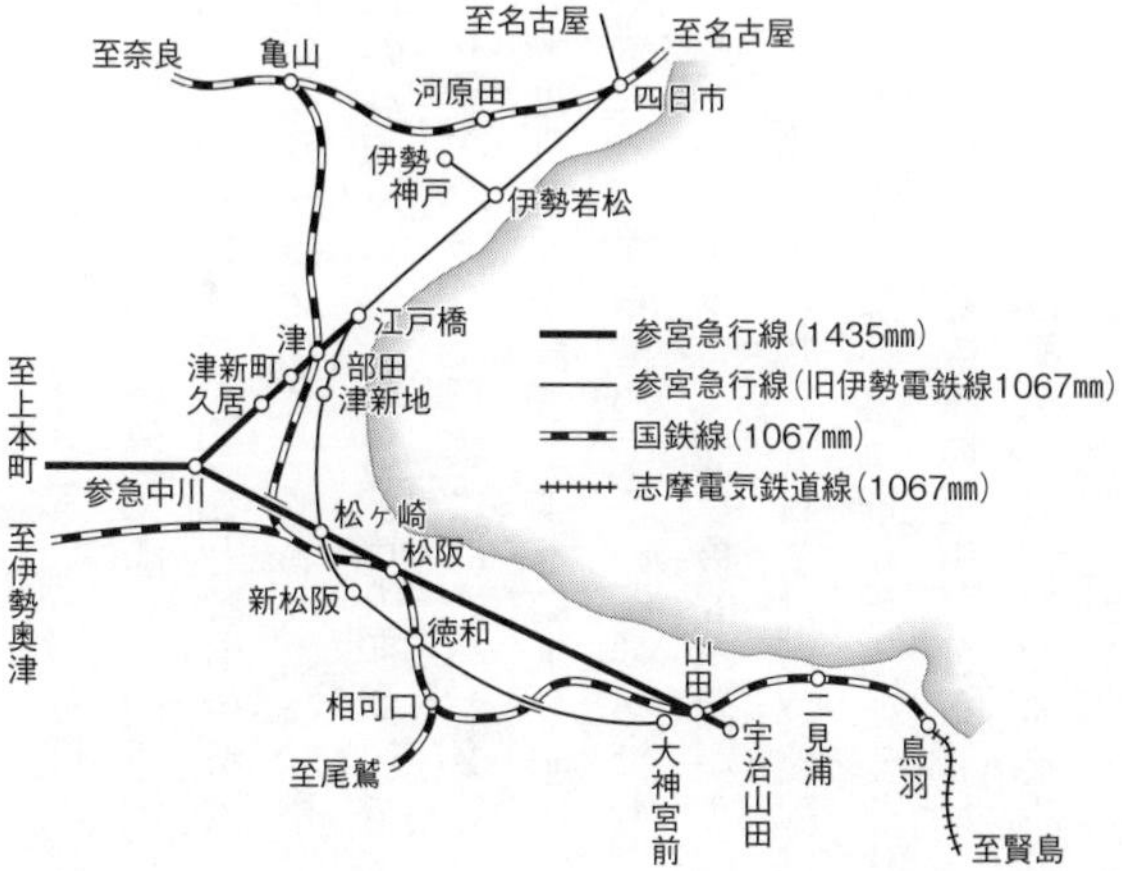

かも複線での伊勢延長線建設が大きな負担となり、経営困難に陥ってしまう。そこで、各方面からの斡旋もあって1936（昭和11）年9月に伊勢電は参急に合併される。そして、それより少し前の同年1月に参急・伊勢電両社の出資によって関西急行電鉄（以下、関急電鉄）を設立。同社は桑名〜名古屋間の建設に着手し、1938（昭和13）年6月26日に開業させる。その直前の6月20日、参急津線が江戸橋まで1駅ながら延長され、26日からは江戸橋での乗換えがあるものの、大阪（上本町）〜名古屋間の直通運転が実現する。上本町からは宇治山田行き急行の

最後尾車両が、参急中川でスイッチバックして江戸橋に向かい、そこで、大神宮前からの名古屋行き急行に接続するという運転図式だった。

この大阪～名古屋間直通に際し、関急電鉄はモハ1形（→近鉄モ6301形）10両を製造。17mの2ドア車であることは旧伊勢電モハニ231形と同じだが、ドア間8個の窓部分には同数の転換クロスシートが並び、そのバランスの取れた洗練されたスタイルは、17m電車の最高傑作であると評価するファンは数多い。大阪～名古屋間は、車両ではデ2200形からモハ1形またはモハニ231形への乗継ぎで、全区間を3時間20分で結んだ。大阪毎日新聞の記者による初乗り記には「汽車とちがって急行券はいらないし、座席は2等級なのだからせめてこの乗替へでもなかったらお客の方がボロすぎる」とまで絶賛された。だが、上本町～江戸橋間車両が1両だけでは混雑が激しく、運用面でもロスが多いせいか、半年後の12月6日には参急津線は狭軌化され、以後は伊勢中川で列車乗継ぎが行なわれる。こうなると、旧伊勢電（参急伊勢線）の江戸橋～大神宮前間は存在意義さえ薄くなり、やがて廃線への道をたどる。

なお、関急電鉄は桑名～名古屋間の建設で一通りの役目を終えたせいか、1940（昭和15）年1月に参急に合併された。

4. 戦時体制下の交通企業統合により近畿日本鉄道誕生（1937〜）

紀元2600年輸送で賑わった大軌・参急・大鉄電車

桑名〜名古屋間開業で電車による大阪〜名古屋間運転を果たした大軌と参急だが、その前年の1937（昭和12）年7月に北京郊外で勃発した盧溝橋事件が、やがて日中全面戦争に突入したため、日本国内には1938（昭和13）年4月に国家総動員法と陸上交通事業調整法が公布され、戦時統制がとられる。「贅沢は敵だ」のスローガンのもと、高級商品の製造・販売は禁止され、生活必需品は切符配給制度となったほか、物見遊山での旅行は自粛とされ、国鉄では大都市と温泉・有名観光地を結ぶ列車は真っ先に廃止された。

しかし、何事も例外があるように、皇室に関係する明治神宮や橿原神宮・伊勢神宮などへの参拝は奨励されていた。しかも、1940（昭和15）年は皇室にとっては神武天皇の即位から2600年に当たるため、その前年に橿原神宮境内と神武天皇陵の整備のほか神域の拡張が行なわれ、従前の畝傍線八木西口〜久米寺間は新線に付替えられる。そして、久米寺付近には大軌・大鉄の両社により総合駅として、神明造りの堂々たる駅舎を持つ広

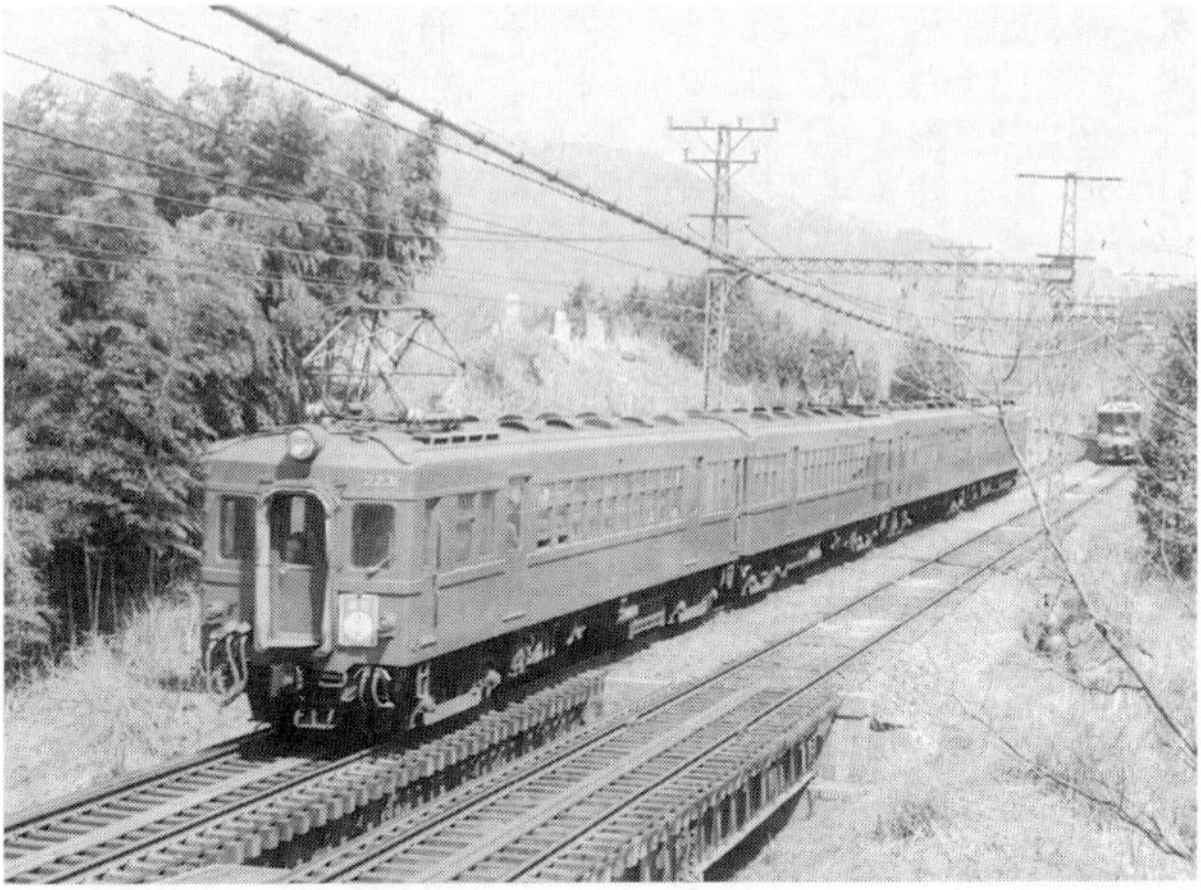

近鉄モ2200形・2231。戦後の有料特急創設に際しその一員に抜擢された通称2227系。1971(昭46).4.3　大和朝倉〜長谷寺

近鉄モ1400形・1407。2227系の3ドア版といえる大阪線用通勤車。1971(昭46).4.3　大和朝倉〜長谷寺

大な「橿原神宮駅」が設けられ、1939（昭和14）年7月28日から営業を開始する。路面電車や地方私鉄には○○駅前といった駅や停留所が存在するが、橿原神宮駅のような例は珍しかった。同時に大軌畝傍線は大軌橿原線に改称される。

1940（昭和15）年は、2月11日が紀元節（現在の建国記念の日）で、11月10日には皇居で紀元2600年記念式典と、2大行事が行なわれる関係で、中でも橿原神宮には年間を通して多数の参拝客が見込まれるため、大軌と参急は参拝客輸送を主目的に1939年12月から急行車デ2200系増備車26両と、桜井線用3ドア・ロングシートのデボ1400系21両を新製する。デ2200系増備車は性能こそ在来形と同じだが、張り上げ屋根を採用。2カ所のドアはやや中央に寄せられ、その間には10組の転換クロスシートが並ぶなどスタイルが一変したため、新2200系や追番のトップナンバーからデ2227系とも呼ばれた。このグループには貴賓車のサ2600も含まれ、一族のその洗練されたスタイルは旧2200系同様に名車中の名車としてファンからの喝采を浴びた。デボ1400系は新2200系をそのまま3ドア化したような車両で、性能も2200系と同一で、もちろん併結での宇治山田直通運転も可能だった。

紀元2600年輸送期間中、国民にとっては生活面で旅行や買い物、飲食といった楽しみが制限されていたが、橿原・伊勢・熱田・吉野など皇室に関係する〝神宮〟が多く存在する大軌・参急沿線では、人々は大手を振ってこれらの神社へ出かけたため、1940年での参拝客数は橿原神宮が1000万人、伊勢神宮は800万人を数えたといわれる。

なお、橿原神宮駅に電車が発着する大鉄は28ページで触れたような事情もあって、車両の新製を見合わせるが、大軌同様に参拝客輸送で業績が大きく好転したことは記すまでもなかった。

大軌・参急から関西急行鉄道、さらに近畿日本鉄道へ

日中戦争は終結を迎えるどころか、その間、1939（昭和14）年9月にはドイツのポーランド侵攻により第二次世界大戦が勃発。翌年9月に日本はドイツ・イタリアと三国軍事同盟に調印したことで、いよいよアメリカ・イギリス・フランスなど連合国との衝突は避けることのできない情勢になる。

こうした動きの中、1940（昭和15）年2月に国家総動員法に基づく陸運統制令が施行され、政府は民間鉄軌道業者や自動車運輸業者に対し、事業の委託・譲渡・合併など必要な勧告や命令を出し得る広範な権限を持つようになる。それにより、大軌は当初から一

心同体の会社といえる参急と翌年3月15日に合併。営業路線が大阪・奈良・三重・岐阜・愛知の1府4県に跨り、延長距離437・7㎞というわが国屈指の大私鉄となることで、関西急行鉄道（以下、関急）に名称を変更する。同時に線路名称も変更され、上本町〜伊勢中川間が大阪線、布施〜関急奈良間が奈良線、伊勢中川〜関急名古屋間が名古屋線、伊勢中川〜宇治山田間が山田線と、現在のような名称に改められる。さらに関急は、これを機に旧大軌が軌道条例で開業していた上本町〜奈良間などの区間を地方鉄道法に変更する旨を申請し、1942（昭和17）年10月1日からの実施が認められる。

この間、日本は1941（昭和16）年12月にアメリカ・イギリス両国に宣戦を布告し、太平洋戦争に突入する。陸運統制令の改正・強化により、全国的に交通企業の統合が行なわれるが、大阪地区ではその第一歩として、関急と大鉄の合併が勧奨され、1943（昭和18）年2月1日付けで実施される。これにより、両社の共同使用駅の橿原神宮駅は、関急の単独駅となる。

太平洋戦争で日本軍は緒戦こそ優位に立つが、1942年6月のミッドウェー海戦に敗北してからは劣勢の一途をたどる。こうした戦局悪化の真相は国民には知らされなかったが、1943（昭和18）年になると国内でも学徒出陣などで、その状況は薄々把握できるようになってきた。そうした中、同年4月1日には、信貴山急行電鉄と南和《なんわ》電気鉄道の両社が関急に合併される。信貴山急行電鉄は1928（昭和3）年5月に信貴山電鉄として設立され、信貴山口～高安山間の鋼索線と信貴山上の鉄道線を有する会社で、1938（昭和13）年8月以後は大軌が経営の委任を受けていた。一方、旧大鉄の尺土で分岐し御所《ごせ》を結ぶ南和電気鉄道は、1929（昭和4）年1月に大鉄が五条延長を目指して設立した会社だった。

そして、その2カ月後の1944（昭和19）年6月1日、関急は南海鉄道と合併する。関急が大軌時代から繰り返してきた合併は、何れも大なり小なり資本関係にある会社ばかりだったので、長野駅が接点になっているとはいえ、そうした関係のない長い歴史と伝統を持つ大会社同士での合併はもちろん初めてで、政府の強い要請とあっては、国家の決戦態勢に協力するために両社とも受け入れざるを得なかったのである。そのため、合併については両社とも解散し、新会社の近畿日本鉄道（以下、近鉄）が設立される。この結果、寄り合い所帯とはいえ、近鉄が有する鉄軌道の営業路線は630㎞強になり、規模においてはわが国最大の私鉄となる。

また、こうした合併とは別に、近鉄は関急時代から国家総動員法による金属類回収令に協力するため、電車の重要部品である真鍮製品や砲金の供出のほか、不要不急路線や閑散線区の廃止や休止、複線区間の1線撤去（単線化）を断行する。これにより、1942（昭和17）年から1945（昭和20）年にかけて、伊勢線新松阪～大神宮前間が廃止され、生駒鋼索線鳥居前～宝山寺～生駒山上間休止、南大阪線尺土～橿原神宮駅間単線化、法隆寺線平端～近畿日本法隆寺間休止、伊賀線伊賀神戸～西名張間休止の措置がとられる。このほか、信貴山急行電鉄の鋼索線と山上鉄道線は、1944（昭和19）年1月7日に休止されていたが、関急は大戦後の復旧を前提に合併を行なったわけである。これとは逆に沿線に軍需工場が存在する名古屋線では休廃止線区のレールを転用し、約20㎞の区間が複線化された。

しかし、戦局がますます悪化する中、せっかく新会社として発足した近鉄も鉄道従業員と資材の不足は深刻なものとなり、酷使された車両は整備がままならないため故障が多く、不測の事故も発生する。そして、1945年3月からは米軍爆撃機による空襲が始まり、大阪・名古屋・堺・和歌山・四日市・津・宇治山田などの主要都市はほとんど壊滅状態となる。線路や駅舎など鉄道施設も被害が多く、車両も200両以上が焼失・破損に休車状態に陥り、まさに満身創痍の状況で、近鉄は敗戦の日を迎えるのである。

5. 戦後復興から躍進の時代、そして名阪間ゲージ統一（1945〜）

敗戦直後の混乱と南海電気鉄道の分離

太平洋戦争は日本の無条件降伏により、1945（昭和20）年8月15日に終結する。戦時中休止になっていた路線のうち、生駒鋼索線は敗戦前の8月1日に、伊賀線伊賀神戸〜西名張間は1946（昭和21）年3月15日に営業再開するほか、南大阪線の単線化区間のうち、尺土〜高田市間が同年2月8日に複線復活するが、大戦末期から続く食糧難や都市部では空襲の被害などによる住宅難、それに敗戦と連合国の占領下という絶望感などが重なり、世相は混乱状態が続いた。その中にあっても近鉄電車は休むことなく輸送に励むが、1945年から翌年にかけては前項で記した理由などによる状態不良車が多く、稼働車両は約60％に過ぎなかった。ただでさえ車両数が減少しているため、車内は通勤・通学客に加え、海外や戦地からの引き上げ客や復員客、それに食料や燃料の買い出し客が殺到し、ほとんどの列車は超満員となる。そこへ買い出し客は物資をところかまわず置くこともあり、車内は窓・ドア・座席・網棚などいたるところが破損され、〝こうやく張り〟と呼ばれる窓部分にベニヤ板を張って走る電車の姿も珍しくなかった。もっとも、これは近鉄だけでなく、当時は全国の都市近郊鉄道で見られた光景だった。

こうした状況が続く１９４７（昭和22）年6月１日、南海鉄道が近鉄から分離して元の姿に戻る。戦時中の半ば強制的な合併であり、その後も近鉄では旧関急側と、旧南海側との間では車両はもちろん現場社員の交流はなく、実質的に合併以前の状態で列車運転が行なわれているのが実情であった。そのため、終戦後さほど時間がたたないうちに分離問題が論じられるが、戦後復旧についても適正な規模で、旧２社の伝統の力と創意により合理的に進めるのが妥当とされ、実現に至ったのである。なお、分離に際しては旧南海の傍系会社で、高野下～高野山間に鉄道と鋼索鉄道を有する高野山電気鉄道を南海電気鉄道と改称し、そのうえで近鉄から旧南海の事業を同社に譲渡するという方法が採られた。

南海分離後の１９４７年10月８日に近鉄では国鉄や私鉄他社に先がけ、上本町～名古屋間に有料特急の運転を始める。だが、そうした明るい話題とは裏腹に、翌年３月31日、奈良線河内花園駅構内で奈良発上本町行き急行が、停車していた先行の普通に衝突。49名の死者を出すという大事故を起こす。生駒トンネル出口付近で急行電車のブレーキが故障して制御不能の状態となり、そのまま瓢箪山《ひょうたんやま》駅まで連続する33‰の下り勾配を暴走したのが事故の原因とされるが、急行電車が軽量で衝撃に弱い木製車3両で組成されていたのも、被害を大きくしていた。当時の奈良線は約半数の列車が木製車での運転だったが、当時の情勢ではすぐに木製車を追放するには無理があり、鋼体化改造が進められるのは1955(昭和30)年からのことである。

　敗戦後の近鉄で車両が大量に不足していることは前述したが、これは私鉄各社にとっても同じであるため、運輸省では国鉄モハ63形の一部を私鉄に割り当てるほか、「私鉄郊外電車設計要項」を作成し、この規格に則った運輸省規格形電車の製造を許可するようになる。車体寸法や車体構造、使用材料などなど事細かな取り決めがあり、物資が逼迫している中で、できる限り共通設計を取り入れるのが狙いだった。この方向に沿って近鉄では1947(昭和22)年から1950(昭和25)年にかけて、名古屋線にモ6261形とモ6331形、大阪線に2000系、奈良線では1935(昭和10)年に登場した600系の増備車が相次いで登場する。何れの形式も製造時期との関係で造りは粗末だったが、形態的には名古屋線用は関急電鉄モハ1形、大阪線2000系は張り上げ屋根ではないが、大軌デボ1400系の流れを汲んでおり、利用客から好感を持って迎えられた。中でも600系増備車は69両も製造されるが、これはもちろん奈良線の木製車の置換えも兼ねて

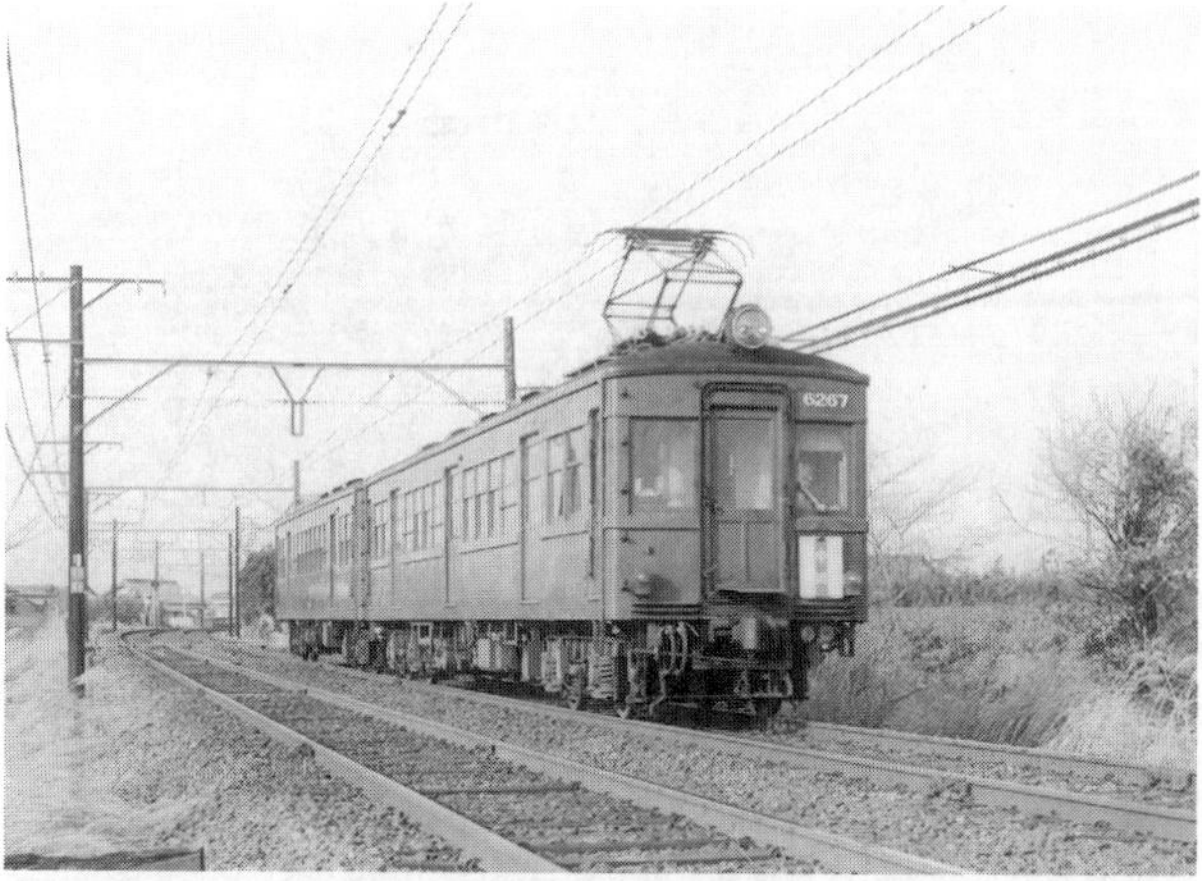

名古屋線としては異例の19m･3ドア運輸省規格形電車の6261形。 1973(昭48).12.25　桃園～久居

戦後の資材不足時に製造された大阪線用通勤車のモ2000形。 1971(昭46).4.3　大和朝倉～長谷寺

特急電車としては初の新製車である名古屋線用6401系。　写真提供＝近鉄グループホールディングス

いた。

なお、名阪特急用には大阪線が新2200系、名古屋線にはモ6301系が主体に使用されるが、1950年ともなると世の中も落ち着いてきたため、〝規格形〟といった縛りは薄れ、名古屋線には初の特急用新車として6401系が登場する。しかし、車両スタイルはモ6301系とさほど変わらなかった。南大阪線には一般形車として20年ぶりに6801系が新製される。張り上げ屋根の採用も復活したため、大軌デボ1400形に類似した形態だが、屋根が深く貫通路部分も広いため、印象は異なった。6801系については1957（昭和32）年に6800系が登場した関係で

6411系に改称される。

また、近鉄は敗戦直後の1945（昭和20）年11月に田中車輛の全株式を取得し、社名も近畿車輛に改称したことで、以後の近鉄では車両の大半が近畿車輛で製造されることになる。

戦後復興と大阪市周辺における沿線人口の激増

敗戦直後に低迷していた日本経済は、1950（昭和25）年6月に勃発した朝鮮戦争を契機に、戦前（1935年頃）の水準に戻り、以後は誰の目にもはっきり分かる上昇となり、1956（昭和31）年度の『経済白書』では「もはや戦後ではない」と謳われる。特に大阪周辺では住宅地が郊外に向かって急速に広がった結果、近鉄では幹線である大阪・奈良・南大阪沿線の人口が激増し、それに伴う朝夕の通勤・通学輸送の円滑化が課題となる。また、産業活動の活発化で、大阪〜名古屋相互間や、両都市から伊勢湾臨海工業地帯への輸送需要も激増する。

これに伴う輸送力増強のため、近鉄では、1952（昭和27）年から翌年にかけて、一般形車として名古屋線用2ドア・クロスシートのク6561形、大阪線用3ドア・ロングシートのク1560形、特急用として大阪線用に2250系、名古屋線用として6421系が新製される。近鉄が発足してからも、従前の新車は各路線の母体となった会社の車両スタイルを残していたが、今回からは大阪・名古屋線とも形態が統一される。そして、各形式ともノーシル・ノーヘッダーの全鋼製車体を持ち、正面のライトは埋込式になり、側面には800㎜の窓が並ぶ端正な姿になる。特急車の2250系は20m車で出力は150kW×4、6421系は19m車で出力は115kW×4で、名古屋線用が数字の上でやや〝見劣り〟がするのは、カーブとの関係で車長が抑えられることと、全線が平坦線のため大阪線ほどの大出力を必要としないのが理由だった。一般用新車はすべてモーターを持たない形式ばかりだが、電動車の両数に余裕があるため、列車の編成増に際しては経済的な制御車で対処したのである。

よく「電車の顔は世相の表れ」ともいわれるが、1950（昭和25）年からこの時期にかけて製造された車両は、近鉄だけでなく国鉄80・70系電車、17系気動車、私鉄も東武5700系、京王2700系、名鉄3850系、京阪1700系など、独創的かつ、落ち着いたスタイルであるのが特徴である。こうした車両の登場は、わが国の戦後復興を象徴しているかのようであった。

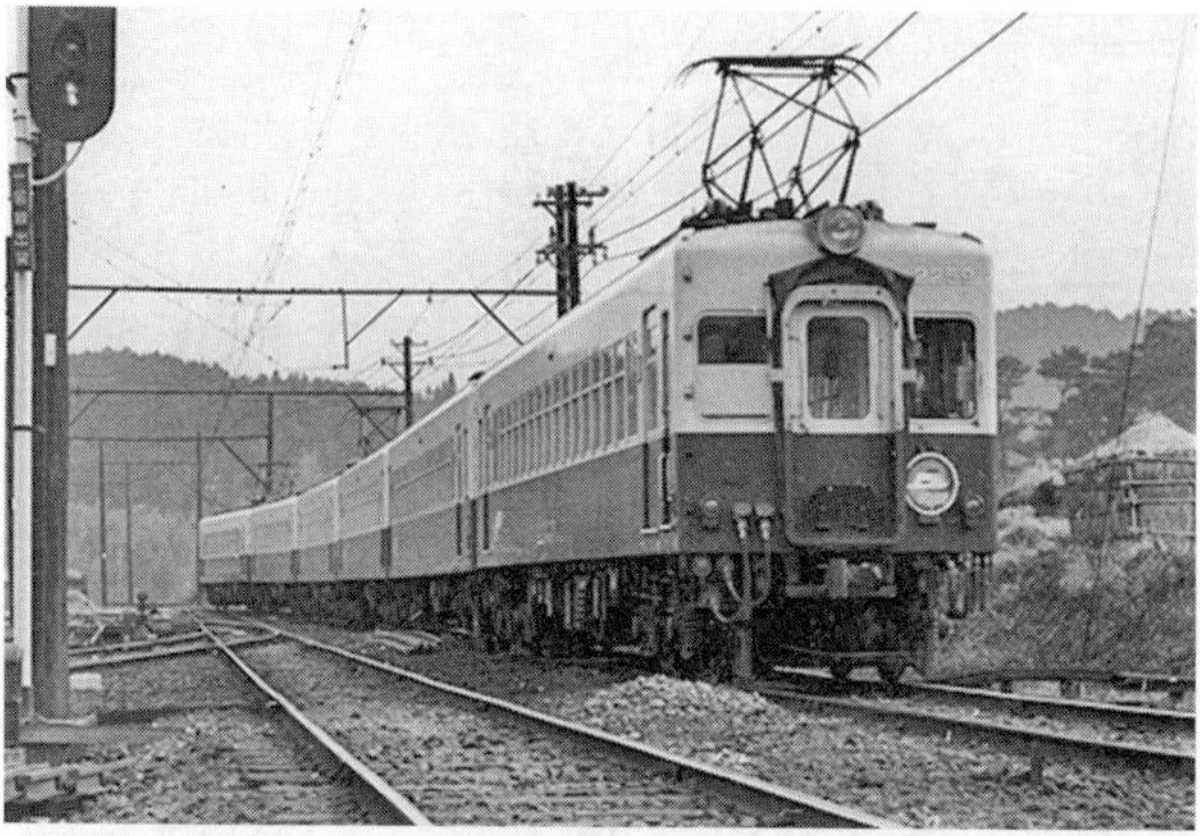

大阪線特急用車として登場した近鉄2250系。円形の特急マークがよく似合った。 写真提供＝近鉄グループホールディングス　撮影＝鹿島雅美

近鉄ク6561形・6563。端正なマスクの2ドア・転換クロスシート車。1966(昭41).3.17　湯ノ山(現湯の山温泉)

しかし、新車登場により輸送力が増強されるのとは正反対に、近鉄は1952(昭和27)年4月1日に法隆寺線平端～法隆寺間と、小房《おふさ》線橿原神宮駅～畝傍間を廃止する。その2年前まで貨物営業が行なわれていた小房線とは異なり、大戦中に休止措置が取られていた法隆寺線は以後、線路が取り払われた状態で廃線も同然だった。法隆寺線の廃止にともない、近鉄では未電化区間と762㎜ゲージ路線は姿を消す。

名古屋線四日市付近の線路改良と大阪線上本町～布施間複々線化

わが国は1950年代半ば頃からは高度経済成長の時代に突入し、近鉄の主要幹線は通勤・通学客やビジネス・用務客、それに観光客の右肩上がりの増加により、輸送需要が増大する。しかし、ネックとして立ちはだかる区間が2カ所あった。大阪線上本町～布施間と、名古屋線四日市市内の海山道《みやまど》～川原町間である。まず、その改良工事が早い時期に完成した名古屋線から話を進める。

現在の近鉄電車は海山道～近鉄四日市～川原町間では緩いカーブを描く線路を高速で通過するが、伊勢鉄道と伊勢電が建設した同区間は国鉄四日市に乗入れる関係で、四日市(旧駅、国鉄との共同使用駅)～諏訪(現近鉄四日市)間と、諏訪～川原町間にはそれぞれ半径100mの急カーブが存在し、列車は減速運転を強いられるばかりか、車両の全長も最大19mに抑えられていた。そこで、海山道～川原町間を直線に近い形で短絡する新線が、1956（昭和31）年9月23日に竣工する。これにより国鉄駅の乗入れは廃止。諏訪は新線部分に移転し、近畿日本四日市に改称される。

上本町～布施間は1937（昭和12）年3月に高架化されるが、複線の線路を奈良線と大阪線の列車が共用する形態は戦後も変わらなかった。しかし、1950（昭和25）年以後の列車増加で運転本数は限界に近づいたことに加え、この区間の電圧が600Vであるため1500V用の大阪線電車は減速運転を余儀なくされた。そこで、大阪線普通は途中の今里を通過扱いにするものの線路容量の緩和にはいたらなかったため、同区間の複々線化が急がれ、1956（昭和31）年12月8日に完成。奈良線と大阪線は完全に分離されたことで、運転がスムーズになったことは記すまでもなかった。この複々線化を機に奈良線にも待望の特急（料金不要）が登場する。

話を車両に移すと、1950年代半ば頃から各電鉄会社は車両性能の向上とともに乗り心地の改善を目指し、軽量車体の高性能車の開発に努める。その高性能車第1号は、1953（昭和28）年に登場した京阪電気鉄道の1800系だが、近鉄も翌年にク

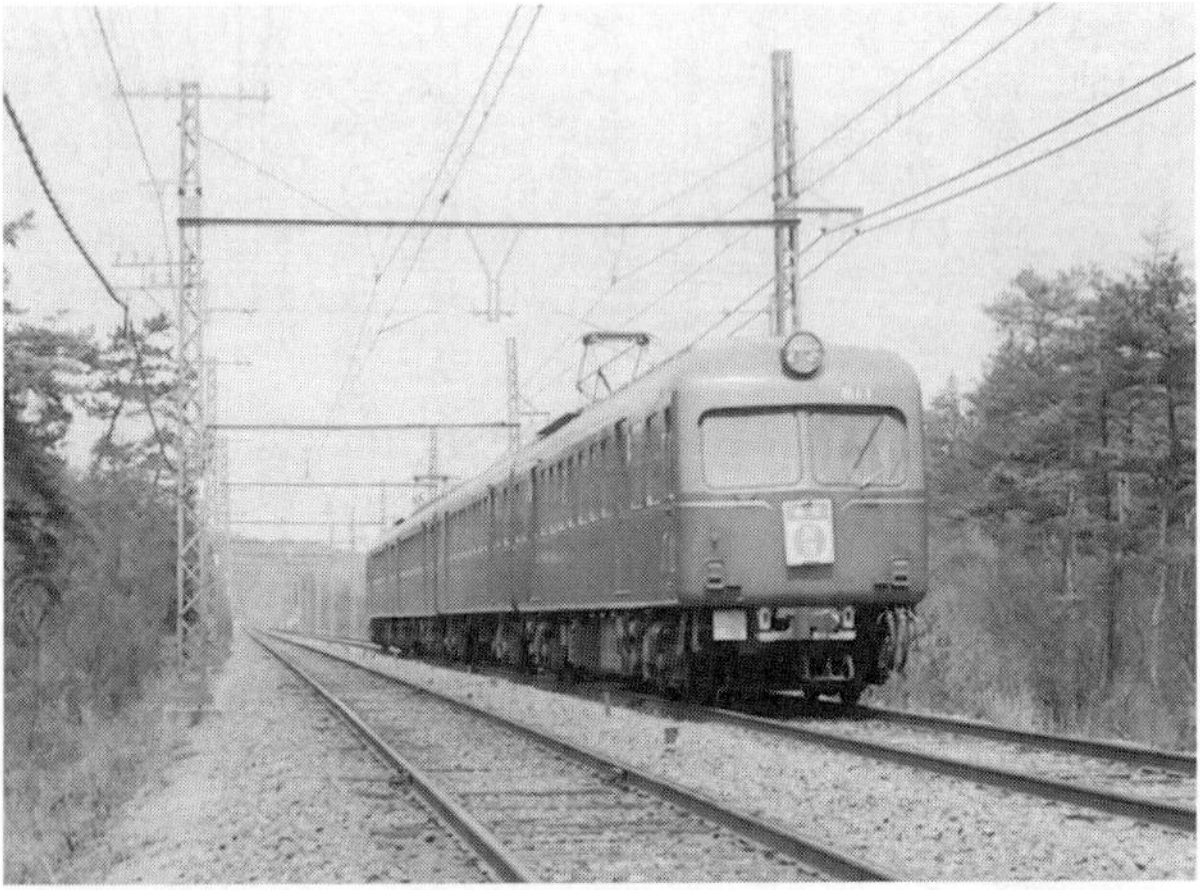
近鉄800系（モ811）。奈良線初の中形高性能車。　1970（昭45）.3.16
山田川〜平城

1560形の電装に際し、WN駆動・MM'ユニット方式、シュリーレン台車などの新機軸を搭載し、塗装も薄い水色とマルーンの試験色を採用した1450系を大阪線で試用。その成果に基づき種々の検討の結果、1955（昭和30）年に奈良線用800系、1957（昭和32）年には大阪線用1460系と、南大阪線用6800系が新製される。3線ともゲージ・電圧・車両限界が異なるほか、立地条件やラッシュ時の混雑度の違いもあり、形態も800系は片開きの2ドア車、1460系は両開きの3ドア車、6800系はシールドビームのヘッドライトを2つ並べた両開きの4ドア車とされるほか、塗装も異なるのでまるで新車の見本市だった。

そして、800系は生駒トンネルとの関係で車幅は2・5mに抑えられるが、それまで15m級の小型車ばかりだった奈良線では初の18m車体を有し、マルーン車体にステンレスの帯を巻き、〝バンビマークの特急〟として親しまれた。

1460系は登場時期が西信貴鋼索線信貴山口〜高安山間の復活と重なったこともあって、もっぱら上本町〜信貴山口間で使用されたため、緑の多い信貴線沿線ではクリーム地に青いラインの塗装が景色とよくマッチした。そして、6800系はオレンジ色に白いラインを施した車体を持つ加減速性能に優れた車両で、〝ラビットカー〟と名付けられ、南大阪線阿部野橋口の通勤・通学輸送に貢献を果たす。それまでお世辞にもスマートといえる電車の入線がなかった同線では、場違いのような新車であり、沿線の利用客から喜ばれたことは記すまでもなかった。

大阪線特急用の高性能車としては、高速電車で初の2階建て構造を採用したビスタカー10000系が、名古屋線には性能的には旧形の吊掛け式ながらも、同線としては初の20m車体を持つ6431系が、それぞれ1958（昭和33）年に就役する。

日本の高速電車として初の2階建を採用したビスタカー10000系。側面の大きな固定窓も初の試みである。　撮影＝交通新聞社

名古屋線全線の改軌工事完成により名阪特急の直通運転開始

１９４７（昭和22）年10月に運転を開始した名阪特急は、翌年７月からは大阪線特急が宇治山田へ延伸され、伊勢方面への観光・参拝輸送も兼ねるなど年々発展を遂げるが、如何せんゲージの違いで伊勢中川での乗換えは避けられず、利用客サービスからもその統一は急を要する課題となっていた。ゲージの統一については距離が短い名古屋線を１４３５㎜に改軌する方針で１９５３（昭和28）年頃から計画され、１９５７（昭和32）年７月に木曽川橋梁、揖斐・長良川橋梁の新橋梁架け替え工事に着手。そして、架け替え工事終盤に伊勢中川～名古屋間をいくつかの区間に分けて改軌工事を実施し、新橋梁の竣工とともに名古屋線全線の改軌を完成させる予定で、大軌創設50周年にあたる

近鉄 10100系。近鉄特急の代名詞的存在だったビスタカーⅡ世。 1975(昭50).11.2　東青山〜榊原温泉口

1960（昭和35）年2月が一応の目途とされた。

ところが、両橋梁は予定よりも半年早く1959（昭和34）年9月に竣工。しかし、その直後に伊勢湾台風が東海地方を襲い、5000人以上の死者・行方不明者をはじめ、被災世帯数も35万以上にのぼる甚大な被害を出す。近鉄名古屋線をはじめ同地方の鉄道は水没により長期の運休を余儀なくされるが、近鉄はその復旧を機に改軌工事に乗り出し、11月27日に竣工。そして、12月12日のダイヤ改正からビスタカーⅡ世10100系によ る、待望の標準軌での名阪間直通運転が開始される。だが、伊勢中川駅の配線は

中川短絡線を行く名阪特急12200系2連。雲出川の支流中村川に架かる半径160mの急カーブの橋梁を車輪をきしませながら通過する。 1969(昭44).11.14 伊勢中川

従前のままであるため、名阪特急はスイッチバックを余儀なくされ、旅客には乗換えの代わりに座席回転のセルフサービスが付きまとった。その煩わしさの解消とスピードアップを目指し、同駅付近に延長0・42kmの短絡線が1961(昭和36)年3月に完成し、これにより名阪特急は文字通り名古屋・大阪両市間がノンストップ運転となる。

この短絡線については、戦時中に発足した近鉄が同社として建設した新線第1号として記されるところだが、公式には伊勢中川駅構内とされているため営業距離は発生せず、短絡線通過でも、名阪間の運賃は伊勢中川経由で計算されていることを付け加えておこう。

車両面では、名古屋線一般車として大阪線1460系と同一の車体を持つ6441系が改軌直前の1958（昭和33）年に登場するが、旧伊勢電のモニ6231形の機器を流用した車両であるため、狭軌時代の名古屋線では高性能車が入線することがなかった。しかし、同線の改軌直後には大阪線用1470系とほぼ同時に初の高性能車である1600系が登場。両形式とも車体色や性能こそ違え、南大阪線用6800系の大阪・名古屋線版ともいえるような20m4ドア車だが、1470系が1460系と同一の75kW×4主電動機を搭載しMM'編成となったのに対し、名古屋線は平坦線であることで1600系は出力を125kW×4に増強する一方で、経済的なMT編成が採用される。大阪線と南大阪線の通勤車両は増備形式として1963（昭和38）年までに登場した1480系や6900系でもMM'方式が採用されるが、出力は1480系が125kW×4、6900系は135kW×4とされ、T車を連結した編成となる。

ところで、名古屋線系線区では同線の改軌に合わせて伊勢若松〜伊勢神戸（現鈴鹿市）間の神戸線は標準軌化されるが、養老線と江戸橋〜新松阪間の伊勢線は狭軌のままで残される。しかし、ゲージ面で孤島状態となった伊勢線は、その後も利用客減少が続き1961（昭和36）年1月22日に廃止された。

6．奈良電鉄など3社合併で日本最大の私鉄へ（1961〜）

奈良線新生駒トンネル開通と奈良線電車の大型化

奈良線は大軌創設以来の幹線で、輸送力増強策としては八戸ノ里《やえのさと》〜瓢簞山間の軌道中心間隔拡大工事が完成した1961（昭和36）年9月から、上本町〜瓢簞山間に同線用としては初の大型通勤車で、大出力主電動機を搭載したMT編成の900系が普通専用車として入線するが、以東は生駒トンネルをはじめとするトンネル群が、開業当時の建築限界で掘削されていたため断面が小さく、大阪線のような大型車の入線は不可能だった。

しかし、瓢簞山〜奈良間についてはそのままの状態では、数年後に輸送力が飽和状態に達することは目に見えているため、1962（昭和37）年9月に在来の生駒トンネルの南側に延長3494mの新トンネルの建設に着手。1964（昭和39）年7月22日に竣工し、翌23日には（旧）石切〜孔舎衛坂《くさえざか》間に移設された（新）石切駅が開業する。そして、900系とその増備新型車で将来の1500V昇圧に対応可能な8000系電車が新生駒トンネルを駆け抜け、上本町〜生駒間を直通する。これら奈良線用の900系と8000

近鉄8000系（モ8054）。奈良駅を発車、併用軌道に入る上本町行き準急。1968(昭43).5.5　奈良

系は、南大阪線用6800系をプロトタイプとした20ｍ4ドア車だが、車体幅を2800㎜に拡大したため裾を絞った美しい形態が特徴で、1460系以後の標準軌区間用新型通勤車の塗装から奈良線利用客には「大形白車」としてPRされた。ともあれ、近鉄の高性能通勤車の形態もここに完成の域を迎え、以後1970年代終盤まで形式の変更はあれ、各線とも同タイプの車両が増備される。

残る生駒～奈良間の軌道中心間隔拡大工事は、新生駒トンネル建設中の1963（昭和38）年8月に着手され、翌年9月の新向谷トンネル（生駒～富雄間）の竣工をもって完成。10月1日からは上本町～奈良間で大型車の運転が可能になり、ここに奈良線は新時代を迎える。

また、この間近鉄では1963年4月8日に神戸《かんべ》線伊勢神戸〜平田町間が延伸開業する。わずか4・1㎞だが、近鉄発足以来19年目にして初めての新規開業区間で、この日を期して神戸線は鈴鹿線に、伊勢神戸駅は鈴鹿市駅にそれぞれ改称される。

ところで、京阪神や名古屋周辺の小学校では修学旅行先は伊勢方面というのが、当時の定番だったが、1962（昭和37）年3月にその専用電車としてオール2階建ての20100系「あおぞら」が登場する。名阪特急用の10100系ビスタカーⅡ世が好評であるため、「子どもたちの『一度はビスタカーに乗ってみたい』という夢を修学旅行で叶えるために……」製造された車両で、「あおぞら」の車両名も近鉄沿線の小学生たちの間で公募して決定された。

特急車としては、名古屋線改軌後も大阪／名古屋〜伊勢間特急として活躍を続ける2250系や6421系は、車内設備はもちろん性能面でも見劣りがしてきたため、1961年には10400系が、1963年にはその増備形式である11400系が量産される。この両形式はエースカーと称され、10100系を平屋建ての20m車体に置換えたような車両で、2両を基本とし必要に応じて1・2両単位で車両を増結して利用客の増

近鉄6800系（モ6804）。両開きの4ドアを有し近鉄通勤形高性能車の標準となる。 1966（昭41）.1.9　大阪阿部野橋

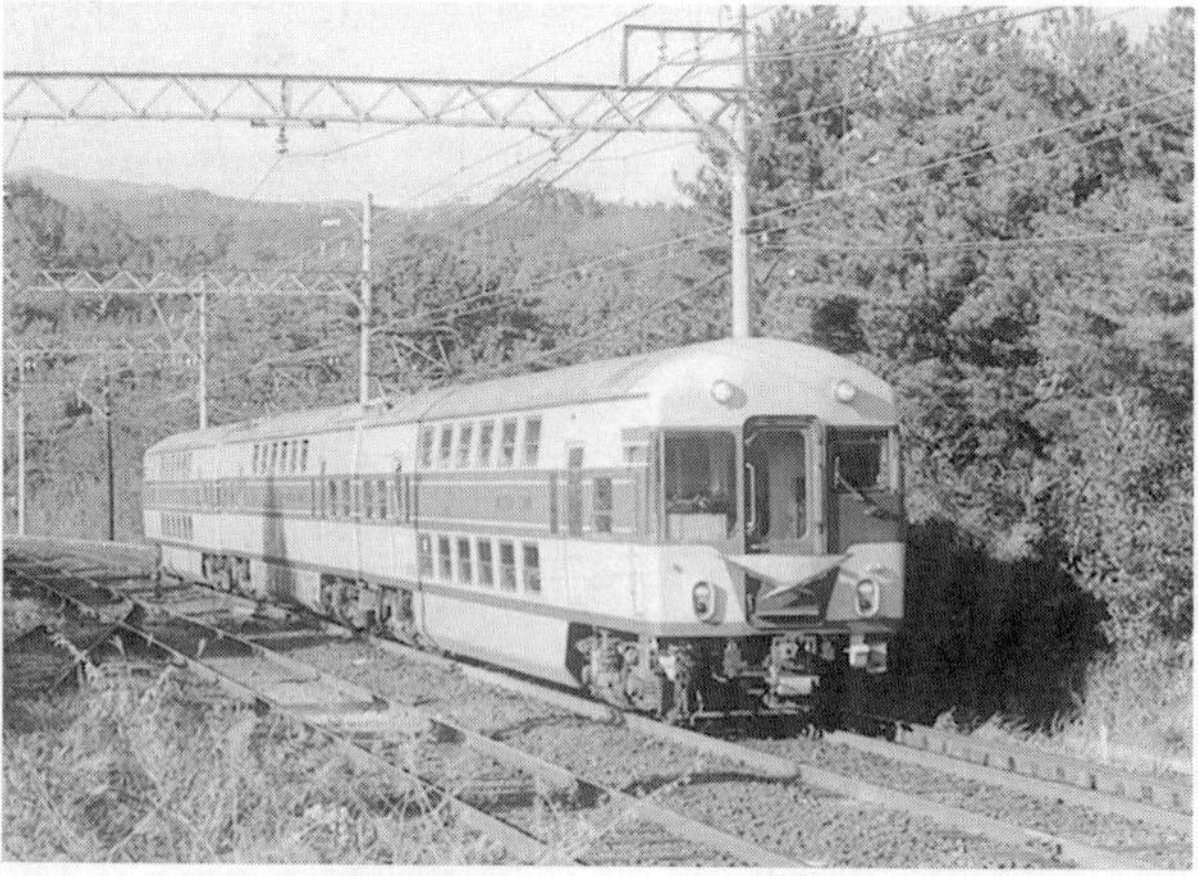

近鉄 20100系。団体専用のビスタカーといえる「あおぞら」。 1975（昭50）.11.2　東青山～榊原温泉口

減に対応するという、近鉄特急運転開始時からの思想が継承されているのが特徴で、現在の22600系にまで続く汎用形特急車の基本形となる。

系列鉄道3社合併で、わが国最大の規模を誇る私鉄へ

近鉄は1950年代後半から1960年代半ばにかけて、名古屋線の改軌や新生駒トンネル建設といった大事業を完成させるが、並行して近畿圏の鉄道整備にも取り組み、1963（昭和38）年から1965（昭和40）年にかけ、奈良電気鉄道（以下、奈良電）・信貴生駒電鉄・三重電気鉄道の3社を相次いで合併する。

このうち、奈良電は大軌と京阪電気鉄道（京阪）が大株主として出資し、1925（大正14）年5月に創立。3年後の1928（昭和3）年11月に京都〜西大寺間が地方鉄道法により、1435㎜ゲージ・直流600Vで全通するが、大軌とは当初から京都〜奈良・橿原神宮前間で、戦後の1945（昭和20）年12月以後は、現京阪丹波橋駅に乗り入れることで、三条〜奈良間、京都〜（京阪）宇治間での直通運転を実施していた。また、奈良電は、古都であり大観光地でもある京都・奈良の両都市を結ぶため、クロスシート車の導入のほか、1954（昭和29）年10月からは特急（料金不要）の運転も行なっていたが、

近鉄・京阪の両傘下にあり、両社とも奈良電の争奪戦を繰り広げていたあおりで独自での戦略が打ち出せず、１９５８（昭和33）年頃からは経営悪化が表面化していた。

そこで、近鉄は奈良電の再建に積極的に参加するとともに株式の取得を進め、最終的には京阪が保有する全株式を譲り受け、１９６３（昭和38）年10月の合併に至る。これにより旧奈良電鉄線は近鉄京都線に改称。近鉄が京都府内に進出するだけでなく、鉄道地図上に京都～大和八木～伊勢・吉野という新たな幹線ルートができあがった意義は大きかった。

信貴生駒電鉄は、その前身が信貴生駒電気鉄道である王寺～生駒間の現生駒線と、信貴山下～信貴山間の東信貴鋼索線（現廃止）、それに１９６１（昭和36）年10月に一員となった旧大和鉄道の田原本《たわらもと》線田原本（現西田原本）～新王寺間からなり、鉄道線は１０６７㎜ゲージで開業した田原本線が、大和鉄道時代の１９４８（昭和23）年6月に近鉄の援助により改軌と電化の工事が完成しているので、ゲージと電圧は各線とも１４３５㎜・直流６００Ｖである。

信貴生駒電気鉄道は１９１９（大正8）年12月に創立。信貴山朝護孫子寺への参詣客輸送を目的に、まず１９２２（大正11）年5月に鉄道線王寺～山下（現信貴山下）間が開通。さらに鉄道を生駒・枚方《ひらかた》方面に延伸するため、生駒～枚方間に免許を取得していた生駒電気鉄道を1924（大正13）年7月に合併。しかし、その直後に経営難に陥ったため、改善策として翌年11月に信貴生駒電鉄を創設。信貴生駒電気鉄道の施設等を継承して再発足する。

その信貴生駒電鉄は1929（昭和4）年9月までに山下〜生駒間と、枚方東口（現枚方市）〜私市《きさいち》間を開業させるが、中間の生駒〜私市間は生駒山地が邪魔をしていることや、直後の不況などで未成線のままで終わる。しかも、枚方東口〜私市間は地図上では京阪本線から分岐する北河内の盲腸線に過ぎず、信貴山への参拝客輸送を頼みとする王寺〜生駒間鉄道線も、大阪からの大軌〜信貴山電鉄鋼索線〜同鉄道線のルートが、1930（昭和5）年12月に開業すると不利は免れなかった。そのため、信貴生駒電鉄は1939（昭和14）年5月に枚方東口〜私市間の経営を京阪に委託し、大軌の系列下に入る。時すでに戦時体制下に突入しているので、大和鉄道同様にこの時点で大軌に合併されていても不思議でなかった。戦後は政府の独占禁止・経済力集中排除の政策もあって信貴生駒電鉄の近鉄への合併はなかなか進まず、1964（昭和39）年10月1日になって実現するが、中小私鉄でも〝小〟の部類の両社が独立した会社のままであったなら、現在のように電車が3〜4両で運転されている姿は考えられなかったであろう。

１９６５（昭和40）年４月に合併により近鉄への仲間入りを果たした三重電気鉄道（三重電鉄）は、近鉄系列下にある三重交通の鉄道部門が分離して創立された会社で、合併後の志摩線（鳥羽〜真珠港間）は志摩電気鉄道、北勢《ほくせい》線（西桑名〜阿下喜《あげき》間、現三岐鉄道北勢線）は北勢鉄道、湯の山線（近鉄四日市〜湯ノ山［現湯の山温泉］間）は四日市軽便鉄道、内部《うつべ》・八王子線（近鉄四日市〜内部・伊勢八王子間）は三重軽便鉄道がルーツで、戦時合併により三重交通に統合される。その沿革を詳述すれば紙幅を要するので別に沿革図を添えるが、合併時はすべて電化鉄道で、ゲージと電圧は志摩線が１０６７㎜ゲージ・直流７５０Ｖ、湯の山線が１４３５㎜ゲージ・直流１５００Ｖ、北勢線と内部・八王子線は特殊狭軌と呼ばれる７６２㎜ゲージ・直流７５０Ｖだった。もっとも、湯の山線も名古屋線との直通を図るため、三重電鉄時代の１９６４（昭和39）年３月に改軌されるが、それまでは７６２㎜ゲージで内部線との直通運転が実施されていた。ともあれ、これにより近鉄では法隆寺線の休止以来20年ぶりに７６２㎜ゲージ鉄道が復活し、藤原岳の麓や四日市市内をクリーム色と緑の可愛い電車が走る絵が見られるようになるとともに、営業距離だけでは名古屋鉄道と東武鉄道を抜き日本一の私鉄になる。信貴生駒電鉄と三重電気鉄道については沿革図を示すので参照されたい。

信貴生駒電鉄の沿革

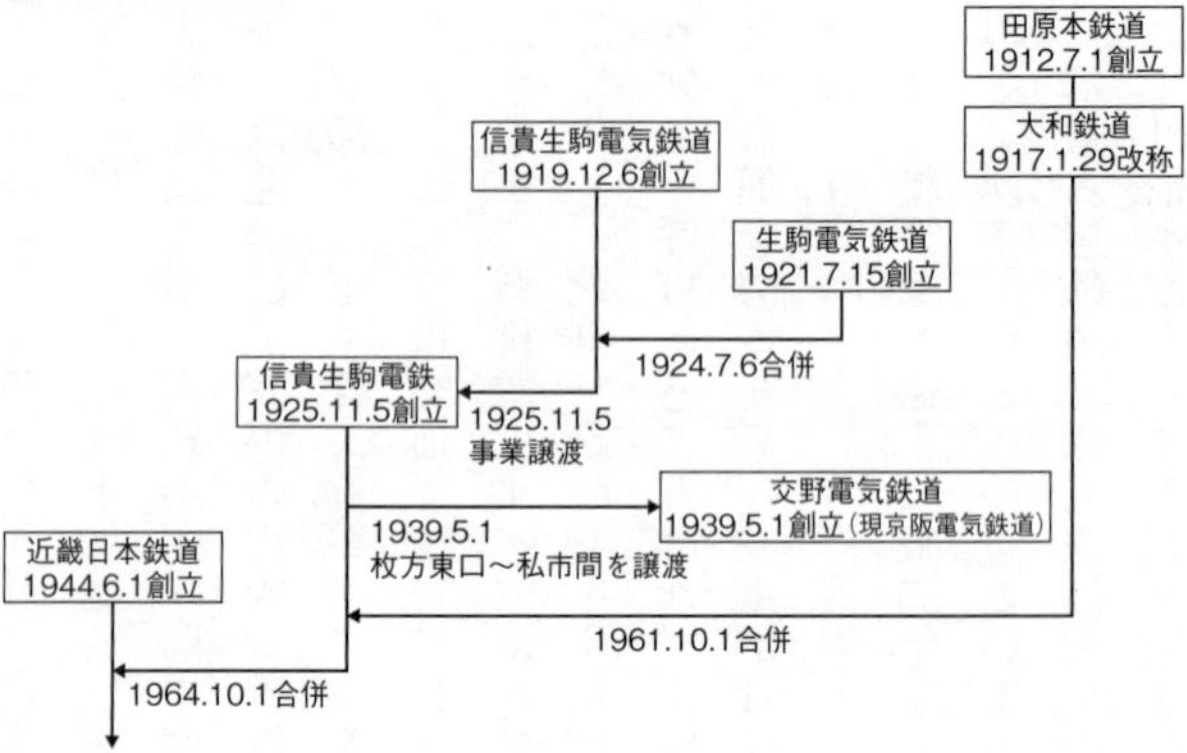

三重交通系線区の沿革

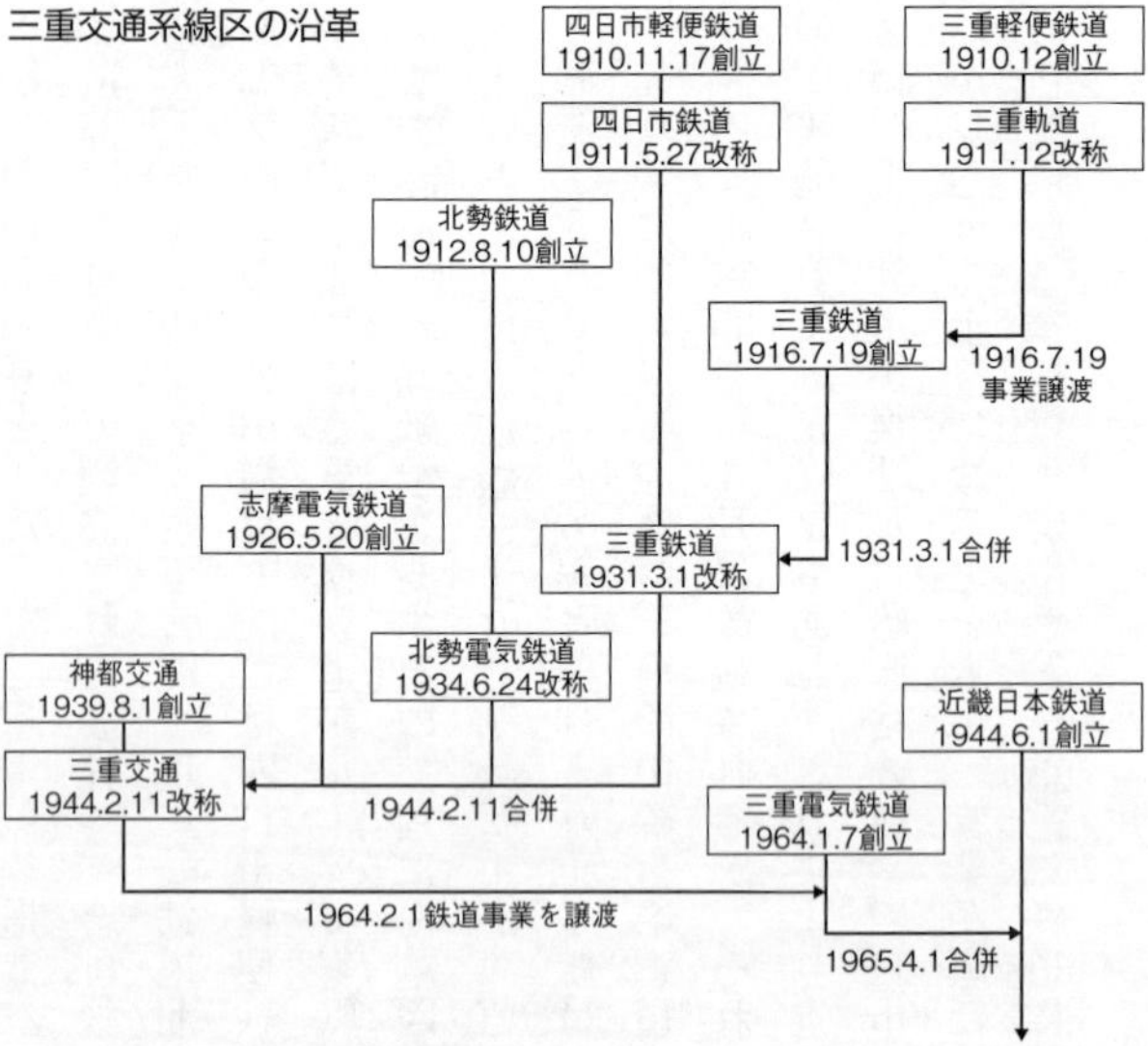

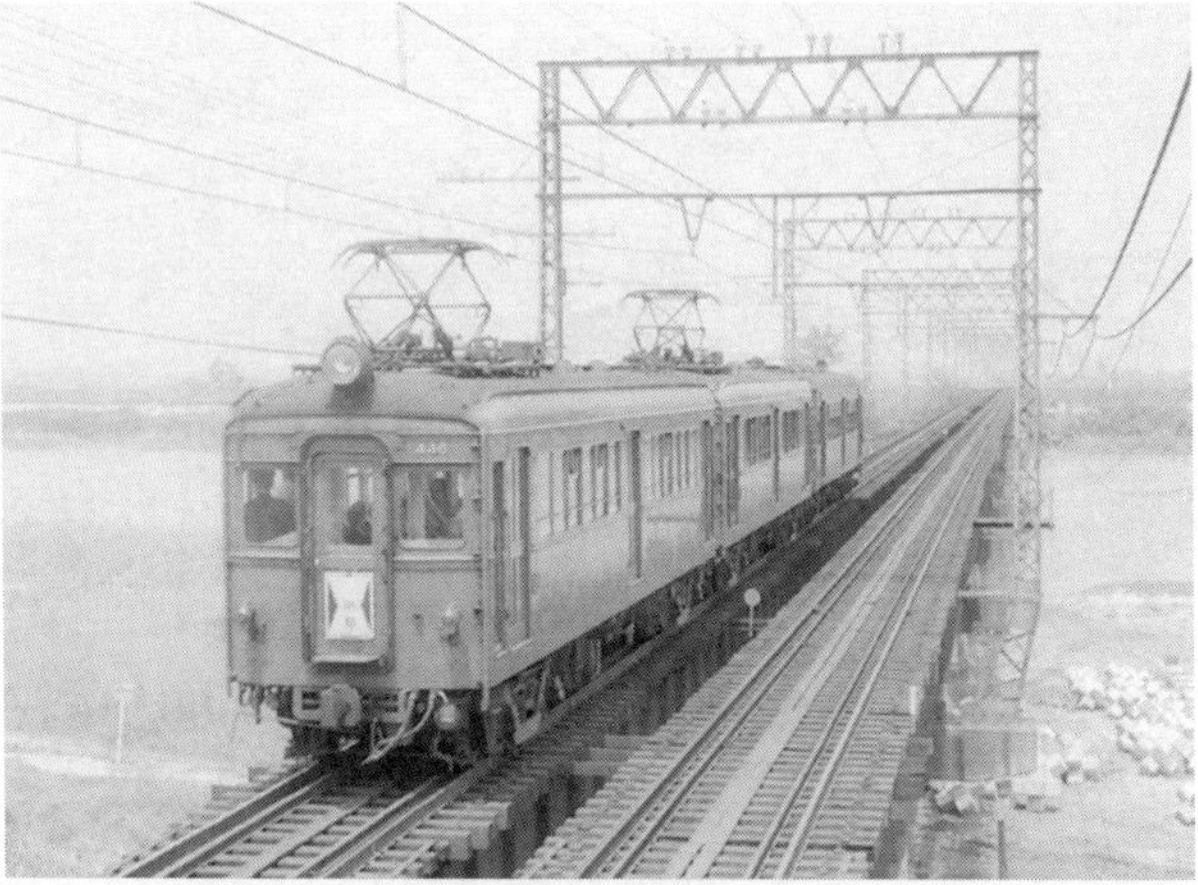

近鉄モ430形・446。奈良電創業時からの3ドア・ロングシート車。 1968(昭43).5.5　富野荘～新田辺

3社の合併に際しては奈良電と三重鉄道、それに信貴生駒電鉄鋼索線の車両がそのまま近鉄に移籍するが、奈良電では1928（昭和3）年の開業後、製造数24両を誇るデハボ1000形（↓近鉄モ430形）、1954（昭和29）年製の特急用高性能車でドア間にクロスシートを配したデハボ1200形（↓近鉄モ680形）、三重電鉄では志摩線最後の新車でクロスシートの高性能車モ5411形（↓近鉄モ5950形）、762㎜区間ではモニ220形と〃ナローの女王〃として人気を誇った3車体連接車のモ4400系（モ200系）が代表車といえた。信貴生駒電鉄線では自

近鉄モニ220形・223。サ130形を牽いて走る姿はいかにも軽便鉄道のムード。 1970(昭45).11.2 六把野～北大社(北勢線)

近鉄200系(旧三重電鉄モ4400系)。特殊狭軌用とは思えない画期的な3車体連接車。 1970(昭45).11.2 六把野～北大社

社の小型鋼製車デハ1形と、近鉄から借入れの木製車モ200形が使用されていたが、デハ1形も4両だけの在籍であり奈良線用小型車で十分に補充できるため、近鉄への車両移籍はなかった。

拡大される近鉄座席指定特急網

1964（昭和39）年10月10日から24日まで、世界規模のイベントとして東京オリンピックが開催される。それに合わせるように10月1日に東海道新幹線東京～新大阪間が開業。超特急「ひかり」は同区間を4時間、名古屋～新大阪間を1時間31分で結ぶ。それまで、名阪間輸送では国鉄より優位の座にあった近鉄特急も、利用客の新幹線移行は避けられなくなり、大阪・京都・名古屋を拠点とする伊勢・奈良・吉野方面への観光輸送や、近・中距離のビジネス・用務客輸送に力を注ぐ。それにより1966（昭和41）年12月までに京都～奈良／橿原神宮駅／宇治山田間、大阪阿部野橋～吉野間、上本町／名古屋～湯ノ山間に特急が新設される。京都・橿原線では電圧や車両限界、南大阪・吉野線はゲージの違いで大阪・名古屋線用車の入線が不可能なため、京都・橿原線特急には旧奈良電モ680形などを改造した（新）680系や狭幅・18m車体の18000系、吉野特急には

近鉄680系（モ681）。奈良電からの引継ぎ車を特急車に改造。 1969（昭44）.3.27　油阪（あぶらさか）～奈良

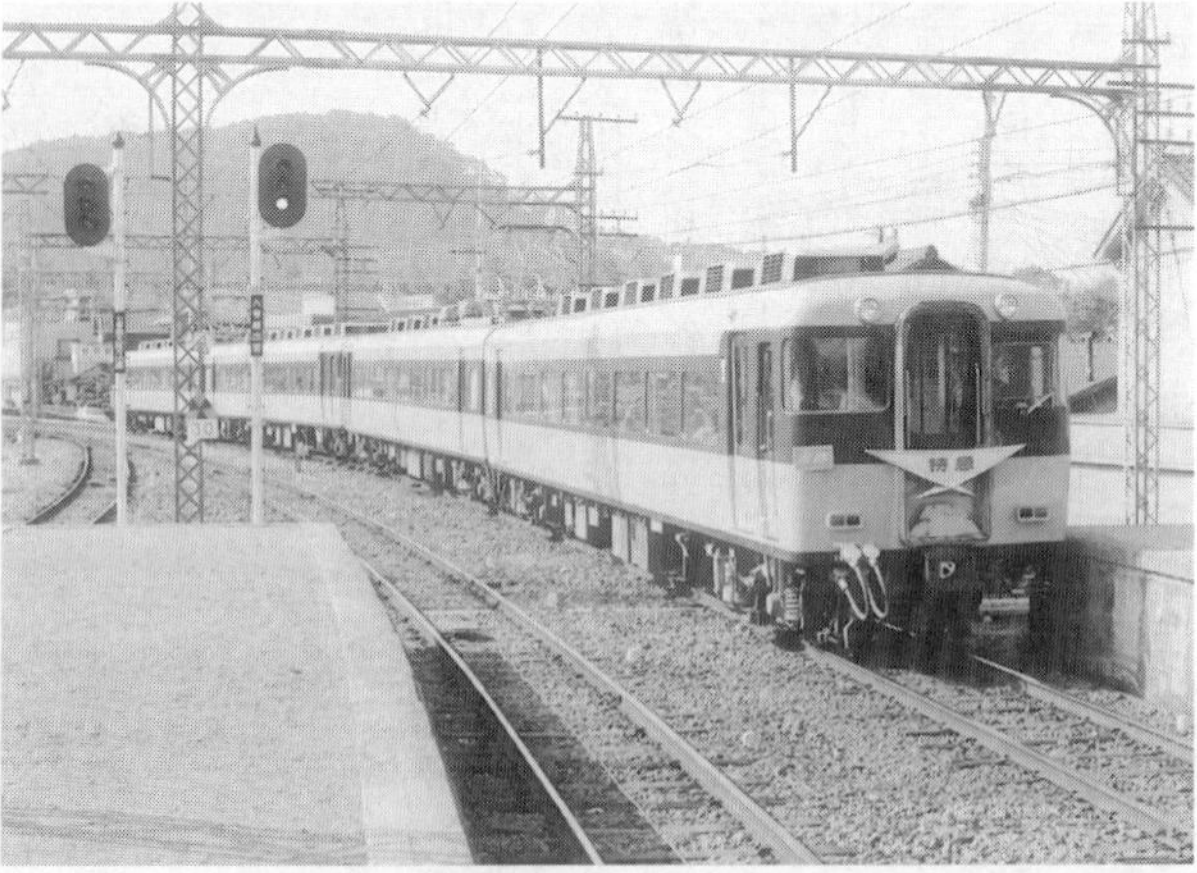

近鉄16000系。南大阪・吉野線としては初の有料特急車。 1971（昭46）.4.3　橿原神宮前

近鉄18200系。複電圧対応の中形特急車。　1979（昭54）.3.27　河内国分～関屋

16000系が投入される。さらに、京都～伊勢間には車体サイズは18000系とほぼ同一ながらも、複電圧対応の18200系が新製され、途中の大和八木駅構内での2度のスイッチバックがあるものの、同区間を直通する。

1938（昭和13）年に地下駅として開業以来、3線2ホームのままだった名古屋駅の5線4ホームへの拡大工事が竣工した直後の1967（昭和42）年12月20日にはその仕上げとして、名阪ノンストップ（甲）特急用にリクライニングシートを装備し、軽食の提供が可能な設備を持つ12000系スナックカーが投入される一方、同区間を主要駅停車で結ぶ

近鉄12000系。軽食提供のスナックコーナーを持つ名阪特急用車。 1968（昭43）.8.13 大和朝倉～長谷寺

近鉄18400系。狭幅ながら20m車体でスナックコーナー付き。1973（昭48）.4.29 西ノ京～九条

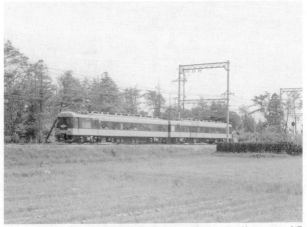

（乙）特急が大増発される。また、橿原線新ノ口《にのくち》駅と高架の大和八木駅大阪線ホームを結ぶ短絡線も開業し、京都〜宇治山田間特急の運転もスムーズなものになる。この日の改正で近鉄特急の運転区間や列車配列は、基本的にほぼ今日の形が完成する。

一方、通勤車も１９６６（昭和41）年からは、大阪・名古屋線用として大出力主電動機搭載したＭＴ編成の２４００系と１８００系が登場。南大阪線ではＭＭ'方式ながら６０００系が大量増備されることになり、従前の６９００系とは性能が同一であることで、６０００系に編入される。さらに１９６７年からは奈良線用８０００系に、ラインデリアと呼ばれる強制通風装置を採用した増備車が登場し、大阪・名古屋・南大阪線用通勤車もラインデリア装備の２４１０系・１８１０系・６０２０系になる。

また、１９７０（昭和45）年には２４１０・１８１０系と同一車体ながら室内をオール固定クロスシートとした２６００系が新製され、わが国には前例のない４ドア・クロスシート車として注目を浴びる。だが、各線区で評判がよかった高性能通勤車の軽快なオリジナル塗装は、１９６９（昭和44）年頃には一般形車両標準色であるマルーン１色に統一されてしまった。この間、大戦中に単線化されていた南大阪線高田市〜橿原神宮駅間の複線復活工事が１９６７（昭和42）年2月に完成し、同線は22年ぶりに全線複線に戻った。

近鉄2400系（モ2403）。強力型モーターを持つ通勤形車。この形式からマルーンで落成。 1966（昭41）.9.23　高安

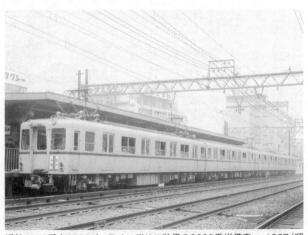

近鉄8000系（モ8064）。ラインデリア装備の8000系増備車。 1967（昭42）.5.13　布施

7．日本万国博関連3大工事と主要幹線の複線化完成（1968〜）

難波線・鳥羽線建設など〝万国博関連3大工事〟竣工

日本経済は1960年代半ばから1970年代にかけて「いざなぎ景気」といわれる空前の好況を迎える。この間、3大都市を拠点とする大阪・南大阪・京都・名古屋の各幹線では、沿線都市のますますの人口増に伴う通勤時の輸送力増強は急を要する課題となっていた。

そうした折、1965（昭和40）年9月に大阪千里丘陵での日本万国博開催が決定したことで、近鉄では1970（昭和45）年3月15日の開幕に焦点を合わせて、1967（昭和42）年を初年度とする輸送力増強5カ年計画が策定される。そのおもな内容は〝万国博関連3大工事〟と呼ばれる難波線建設、鳥羽線の建設と志摩線の改良、奈良線油阪〜奈良間の地下移設で、大阪・京都・名古屋の3大都市周辺の通勤輸送の増強とともに、伊勢志摩を〝万国博の第2会場〟とし、全国各地から大阪千里丘陵へやってきた万国博見物客を、伊勢志摩観光に誘致するという壮大な構想でもあった。

営業開始よりひと足先に行われた難波線開通式。 1970(昭和45)年3月12日　近鉄難波　写真提供＝近鉄グループホールディングス

こうした一連の工事の手始めとして、1968(昭和43)年12月に京都線の軌間拡幅工事が竣工し、京都〜奈良間で8000系などの大型通勤車が入線する。次いで翌年9月21日には奈良・京都線をはじめとする一連の直流600V線区の電圧が1500Vに昇圧される。高性能車はもちろん旧形車も橿原線の車両限界との関係で、600系など比較的経年の浅い車両が昇圧改造を受けて存続するが、その対象から外された鋼体化改造車の460系や奈良電引継ぎのモ430形は全廃された。

難波線建設については前身の大軌が創業当初から計画しており、戦前・戦後にも何度か特許や免許の出願を行なっているが、

昇圧改造後の近鉄600系。1969年の昇圧を機に4両固定化されるが活躍期間は短かった。 1973(昭48).4.29　尼ヶ辻～西ノ京

近鉄モ460形・466。奈良線用木製車デボ61形の鋼体化。窓に木造当時の面影を残すが昇圧により全廃。 1969(昭44).4.26　西ノ京～九条

大阪市の〝市営モンロー主義〟に阻まれ実現を見なかった。しかし、1950年代も終盤に差しかかると、市内交通を市営路面電車やバスだけでは対処ができなくなり、ようやく1959（昭和34）年2月になって、同様に難波乗入れを出願していた阪神電気鉄道（阪神）の千鳥橋〜難波間とともに、近鉄難波線上本町〜難波間の地下乗入れの免許が下りる。しかし、市街地の府道（千日前通り）の下に複線の難波線を建設するには交差する地下鉄など幾多の問題が発生し、着工は1965（昭和40）年10月となり、万国博開催当日の1970（昭和45）年3月15日に開通する。

これにより、奈良線全列車と大阪〜名古屋間甲特急の全列車、それに賢島《かしこじま》直通を主体とする大阪〜伊勢志摩間特急が難波地下駅に乗入れる。また、上本町駅も奈良線ホームが地下に移転し、従前の地上駅は大阪線専用となる。

三重鉄道が近鉄に合併された1964（昭和39）年当時、大阪から奥志摩観光の拠点となる賢島まで鉄道で行くには、近鉄電車で伊勢市まで、そこから先は国鉄参宮線で鳥羽へ、そして鳥羽からは志摩線電車と2度の乗換えがあるばかりか、最短でも3時間30分前後を要した。そこで、近鉄はそうした不便を解消し、快適に賢島にアプローチするため1967（昭和42）年12月に宇治山田〜鳥羽間の新線建設の免許を、1968（昭和43）

鳥羽新線を行く10100系特急列車。鳥羽線は単線で開業。近鉄にも海の見える風景が展開。　1974(昭49).5.6　池の浦〜鳥羽

改軌された志摩線を行く12200系特急列車。ローカル線として建設されたため急カーブが残された。　1977(昭52).9.22　志摩磯部〜穴川

新装なった賢島駅に到着した祝賀列車と竣工セレモニーを見守る地元の人々。 1970(昭和45)2.28 写真提供＝近鉄グループホールディングス

年2月には志摩線全線の改良の認可を得る。両線の建設・改良工事は同年5月に着手され、鳥羽線の宇治山田〜五十鈴川間は1970（昭和45）年の正月輸送を前にした1969年12月15日に開通。鳥羽へは1970年3月1日に乗入れる。

一方、志摩線は鳥羽〜中之郷間に半径100mの急カーブが連続するほか、交換可能駅もそのままでは最大6両の特急列車に対応できないため、営業列車を運転しながらも別線切替えを含む線路や施設の改良工事が施工される。そして、1969年12月10日からは電車運転を休止し、1435㎜ゲージへの改軌と1500Vへの昇圧工事を実施。鳥羽線開業と同じ1970年3月1日からは1435㎜ゲージでの運転となり、3月15日には待望の特急列車が難波・京都・名古屋から1時間当たり2往復（難波・京都始終着は大和八木～賢島間併結）運転されるほか、特急券発売は全系統ともコンピューター化される。特急の賢島直通に伴い、新型特急車として供食設備の部分を広げた12200系と、京都～伊勢志摩間用として12200系の車幅を狭めた形の18400系が大量投入される。しかし、こうした華やかさの陰にはモニ5920形など志摩線の歴史を刻んできた電車は750V用であるため、車齢の若いモ5960形などがトレーラーとして養老線に転出しただけで、残る車両は廃止された。

奈良線油阪～奈良間は近鉄電車が県道の併用軌道上を走ることでファンの間で人気があり、奈良市の名物風景でもあった。しかし、1960年代になると電車が大型化するうえにマイカー時代の到来による自動車の増加により、列車と自動車の双方とも安全な運行が困難で、さらに奈良駅は大型車4両しか入れず、輸送上のネックになっていた。

そこで、国鉄関西本線と交差する油阪の西方から奈良までは線路を地下に移設し、油阪駅を廃止する代わりに西方地上部分に新大宮駅を設ける計画が立てられる。工事は1968（昭和43）年2月に着手され、翌年12月9日に完成。同日から奈良地下駅と新大宮駅の営業が開始される。〃万国博関連3大工事〃のうち、奈良市内の地下線移設だけは1969年内の竣工となるが、それだけ奈良線の輸送力不足は深刻だったのである。

この3大工事途中の1970年3月1日、近鉄では大規模な駅名変更が実施され、阿保→青山町、湯ノ山→湯の山温泉、迫間→志摩磯部、志摩磯部→上之郷、橿原神宮駅→橿原神宮前に改称されるほか、奈良・名古屋・四日市・八尾のように「近畿日本」の冠称を持つ13駅は、冠称が「近鉄」に変更された。

大阪・名古屋・鳥羽線の完全複線化と通勤電車の冷房化開始

1970（昭和45）年3月15日から9月13日まで開催された日本万国博開催は、期間中数字だけでは国民の半数以上に当たる約6400万人が来場し、大盛況のうちに幕を閉じる。近鉄の伊勢志摩総合開発も大成功で、賢島は国際的なリゾート地として称賛を得たほか、かつてはローカル私鉄に過ぎなかった志摩線も、近鉄を代表する観光路線に成長する。

ところで、大阪線の山間部区間である名張～伊勢中川間41・7㎞は参急時代に単線で開業したが、1959（昭和34）年12月以後複線化が進み、1970年3月時点では単線区間は伊賀上津《こうづ》～伊勢中川間だけで、青山トンネルを含むトンネル部分を中心に17・9㎞を残すだけとなっていた。つまり、複線と単線とが混在する同区間では駅以外に信号所を設けることで、1時間当たり片道最大6本の運転が可能なネットダイヤが組まれていたので

大阪線山間部の単線区間を行く難波・京都行き特急。三軒家トンネル上からの撮影。画面に人家は一軒も見当たらない。　1972(昭47).1.4　伊賀上津～西青山

大阪線山間部の単線区間を行く2200系普通。三軒家橋梁を行く。　1972(昭47).1.4　伊賀上津～西青山

ある。

しかし、１９７１（昭和46）年10月25日、東青山～榊原温泉口間の総谷トンネル内において上下特急列車が正面衝突し、死者25名・負傷者２８８名を出す大事故が発生する。これにより、近鉄は私鉄としては最長になる延長５６５２ｍの新青山トンネルを含むトンネル７カ所を掘削し、大阪線の残存単線区間を一挙に複線化する方針を固め、１９７２（昭和47）年８月に着工。１９７５（昭和50）年11月23日に完成させる。

その１カ月後の12月20日には鳥羽線の全線複線化も竣工したため、先の１９７２（昭和47）年７月に全線複線化が完成している名古屋線を合わせ、ここに大阪・京都・名古屋から鳥羽までが全線複線のレールでつながる。この事業完成は早い時期に複線として開通、あるいは複々線化されている奈良線と南大阪線を含めると、主要幹線全体の複線化完成でもあった。

近鉄の通勤車両については１９６０年代半ばの一時期に、特急格下げの２２５０系と６４２１系で大衆冷房サービスが実施されるが、当時は「料金不要の列車に冷房は贅沢」が通評であり、通勤車の冷房計画は白紙のままだった。しかし、１９６８（昭和43）年に京王帝都電鉄５０００系がロングシート通勤車としては初の冷房装置を搭載すると、翌年

近鉄2680系（モ2684）。近鉄初の通勤冷房車で10000系の機器流用。クロスシート装備。現在は鮮魚列車として使用。　1971（昭46）.6.19　高安

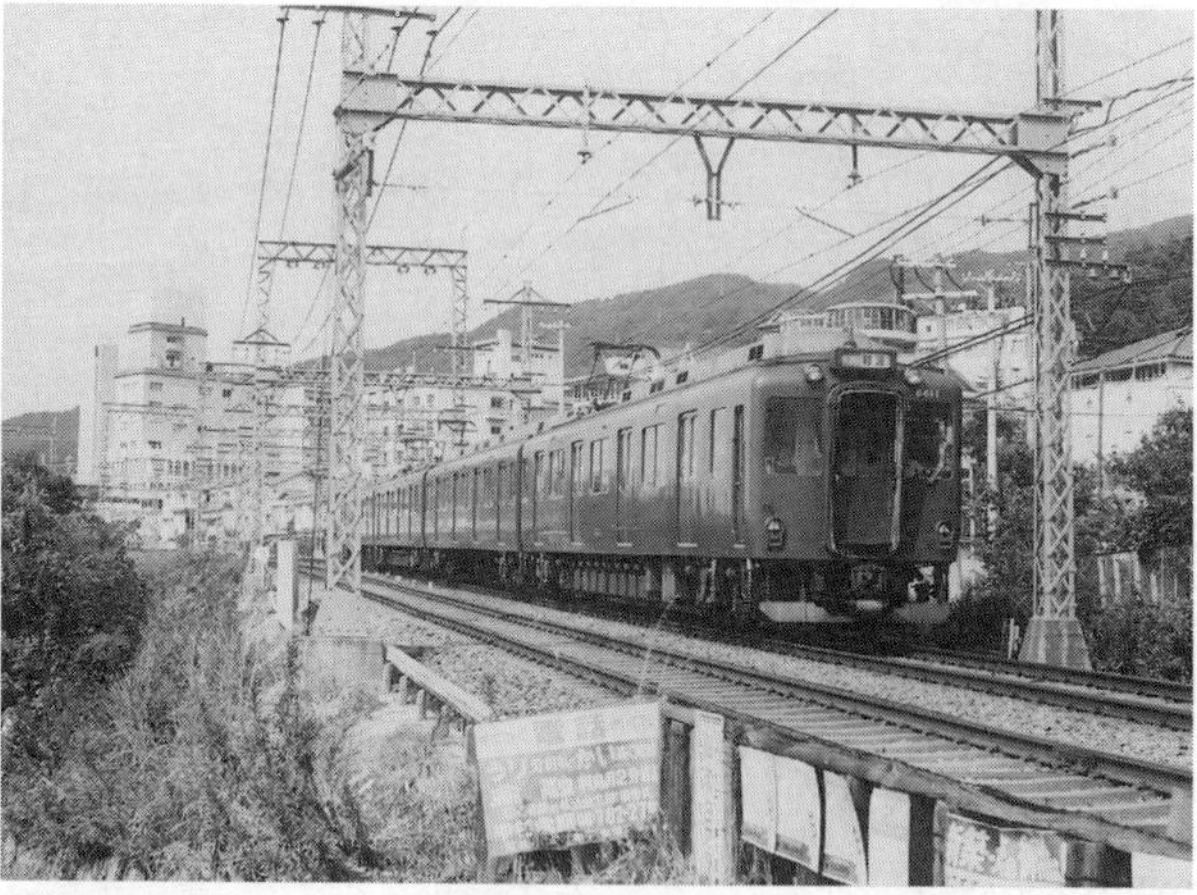

近鉄8600系（モ8611）。奈良線用で方向幕が付き、クーラーも一体化でスタイルも洗練される。　1977（昭52）.8.10　額田～石切

近鉄270系（モ271）。特殊狭軌用車両とは思えない15m車。 1978（昭53）.7.26 楚原～上笠田

から1970年にかけて関西では京阪2400系や阪神7000系がそれに続く。この頃になると家庭でも冷房が普及し始めたこともあり、近鉄では1971（昭和46）年6月製の大阪線急行用2680系からは冷房装置付きとなり、以後1974（昭和49）年までに大阪線用2800系、奈良線用8600系、南大阪線用6200系、名古屋線用1200系、さらに大阪・名古屋線急行用2610系が登場する。このうち1200系は2200系の吊掛け式主電動機を流用した車体更新車。2680系と2610系は4ドア・クロスシート車で、2610系は、2200系や63

11系など、急行用クロスシート車の置換え用として製造された。

近鉄では冷房車を含む高性能通勤車が増備されたことや、1973（昭和48）年9月に橿原線の軌間拡幅工事が完成したことで、1200系のような車体更新車や、鮮魚列車用を除く純然たる旧形車は奈良線用400系（モ309＋ク309、旧奈良電からの引継ぎ車で、おもに生駒線で運用）を最後に1987（昭和62）年に幹線区から姿を消した。なお、1200系は近鉄発足後に旧大軌引継ぎ車のモ1200形が在籍したので2代目に当たる。

また、三重電鉄引継ぎの特殊狭軌線区でも車両の老朽化が目立つことで、1977（昭和52）年には北勢線用に270系、1982（昭和57）年には内部・八王子線用に260系が新製投入される。両形式とも762㎜ゲージ鉄道としては例のない15m車体を持ち、270系は幹線区間並みの両開きドアを、260系は通路幅を広げるため1人掛けの一方向き座席を採用した意欲作だった。しかし、冷房はなく、駆動方式も旧式の吊掛け式である点は惜しまれた。

幹線路線とゲージの違いで独立支線となっている伊賀線と養老線では新車投入の話はなく、老朽車の更新は名古屋線や南大阪線用車両の転入により実施された。

8．地下鉄や阪神電気鉄道との相互直通運転開始（1977〜）

東大阪線開業により大阪地下鉄中央線との相互直通開始

近鉄奈良線布施〜河内永和《えいわ》間での最混雑1時間当たりの輸送量は、新生駒トンネル開通の1964（昭和39）年度で3万5503人だったが、1971（昭和46）年度には約1．2倍の4万2077人に増加していた。しかも、生駒市北東部の京都・大阪・奈良府県境の京阪奈丘陵では宅地開発が始まっており、将来的には奈良線の輸送が行き詰まることが予想された。そこで、バイパス路線として深江橋〜生駒間の建設が必要との答申が都市交通審議会より出されたことで、近鉄は1975（昭和50）年2月に長田（東大阪市）〜生駒間の特許と免許を申請。それらは1977（昭和52）年3月に下付される。一方、深江橋〜長田間は大阪港〜深江橋間の大阪市交通局4号線（大阪市営地下鉄中央線）を延長する形で建設されるが、近鉄新線は地下構造の長田からは国道308号の中央部分を掘割と高架で走り、新石切の先で全長4737mの（新線）生駒トンネルに入り、生駒駅手前で再利用の旧トンネルに合流し、そのまま構内に進入するルートをとる。もちろん地下鉄中央線と直通運転を行なうため、第3軌条・直流750Vによる集電となり、長田～生駒トンネル西口間は大阪地下鉄同様軌道法が適用される。

この新線建設にあたり、近鉄は1977年9月に全額出資による子会社の東大阪生駒電鉄を創設。同社が近鉄から新線の特許と免許を譲り受け、1979（昭和54）年3月に着工。工事は1986（昭和61）年1月の生駒トンネル貫通をもってその大部分が完了するが、建設の使命を果たした東大阪生駒電鉄は同年4月、近鉄に吸収合併される。そして、長田～生駒間新線は半年後の10月1日に近鉄東大阪線（現けいはんな線）の名称で開業。前年の4月5日に深江橋～長田間が開業していた大阪市営地下鉄中央線と、大阪港～生駒間での相互直通運転が開始される。近鉄では東大阪線専用電車として7000系を新造。大阪地下鉄と規格を合わせるため、第三軌条集電方式を採用するとともに18m車体の4ドア車となるが、近鉄では最大の車幅2900㎜に加え、アイボリーホワイトを基調に側面にオレンジとブルーのラインが入った塗装は、当時マルーン一色の通勤車ばかり見慣れている者にとっては新鮮な感じだった。

東大阪線の開業により、地下鉄中央線部分を含む本町～生駒間は奈良線との並走路線になり、奈良線の混雑が緩和されるだけでなく、大阪市のビジネス街にも乗換えなしにアプ

近鉄7000系。近鉄では唯一の第3軌条集電を採用する東大阪（現けいはんな）線用電車。　1996（平8）.1.13　新石切

ローチできることで利便性が増す。しかし、東大阪線は第三軌条集電の関係で最高速度が70㎞／hに抑えられ、しかも普通だけの運転であるため、本町〜生駒間では29分を要し、同区間の到達時分は難波乗継ぎでの大阪市営地下鉄御堂筋線〜難波・奈良線快速急行と変わらない点については致し方なかった。

京都市営地下鉄との相互直通運転と省エネ通勤車の登場

京都市営地下鉄烏丸《からすま》線は1974（昭和49）年に着工され、1981（昭和56）年5月にわが国で9番目の地下鉄として北大路〜京都間が開業。1988

近鉄3200系（ク3101）。京都市営地下鉄乗入れ対応のVVVF制御車。
2013（平25）。4.25　狛田～新祝園（しんほうその）

（昭和63）年6月11日には京都～竹田間が延伸開業する。近鉄と京都市の間ではすでに烏丸線着工時点で相互直通運転の協定が結ばれていたため、ゲージと電圧については京都線同様1435㎜で、架線集電式の直流1500Vを採用。連絡の共同使用駅となる竹田は旧駅から350m京都寄りに移設され、同年8月28日から相互直通運転が開始される。近鉄・京都市とも直通区間は新田辺～北大路間で列車種別は普通だけのため、竹田は急行停車駅に昇格し、奈良・橿原方面から急行利用での烏丸線直通客への便宜が図られた。

これにより、「烏丸通りを近鉄が走り

ます」のコピー通り、近鉄の3200系通勤車が京阪・阪急同様に京都市中心街に乗入れることになり、京都線の利便性が向上したことは記すまでもなかった。なお、3200系は烏丸線乗入れ対応車だが、東大阪線用の7000系とは異なり通勤車標準の20m4ドア車であるため、一部は奈良線や橿原線でも使用された。

ここで、1975(昭和50)年以後「昭和年間」における車両の動向について特急車から記すと、標準軌線区用では、1969(昭和44)年から1974(昭和49)年までに計168両製造された12200系に替わるマイナーチェンジ車として、正面の塗り分けを変更し車内も明るい色彩にした〝サニーカー〟こと12400系・12410系・12600系が1977(昭和52)年から1982(昭和57)年にかけて登場。その間、10100系ビスタカーⅡ世が更新時期を迎えたため、それに替わる30000系ビスタカーⅢ世が1978(昭和53)年から新製される。名阪直通用で3両編成の連接車体だったⅡ世とは異なり4両編成のボギー車体で、おもに伊勢志摩への特急として使用するため、中間車2両を2階構造とし、それも2階部分の居住性を重視する関係で、ハイデッカーに近い構造としたのが特徴だった。

そして、1988(昭和63)年には利用客が回復傾向をたどる名阪甲特急専用のシンボ

当初から4両固定で登場した近鉄12400系、通称“サニーカー”。 1981(昭56).6.17　安堂～河内国分

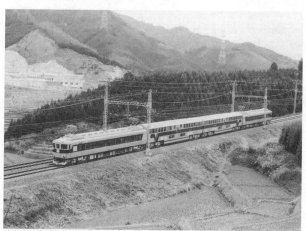

近鉄30000系。ボギー車体の4両編成になった「ビスタカーⅢ世」。 1978(昭53).10.22　長谷寺～榛原

近鉄21000系。名阪特急専用車の「アーバンライナー」。 1988(昭63).9.11　河内国分～関屋

ルカーとして、21000系アーバンライナーが登場。10100系以来久方ぶりに流線形車体を持ち、塗装もそれまでの特急車とは一線を画し、白を基調にオレンジの帯を配したものが採用される。また、車高も従来の特急車両より20㎝ほど高くなり、以後の特急車の標準となる。

狭軌の吉野特急用には、1977（昭和52）年まで製造されたロングセラーの16000系に替わる16010系が1981（昭和56）年に登場する。12200系リニューアル車に近い正面形状になるが、2両1本だけの製造のため、実質的には16000系の増備車といった感じだった。

通勤形車両はわが国が1973（昭和48）年末のオイルショックを機に、高度経済成長時代から低成長時代に移行してからは、省エネ車両の導入が要請されるようになり、近鉄は1979（昭和54）年に京都・橿原線用の電機子チョッパ制御の3000系、1980（昭和55）年に界磁位相制御方式の奈良線用8800系、1981（昭和56）年に界磁チョッパ方式として大阪線に1400系、奈良線に8810系を製造。車両スタイルも時代の転換期らしく、3000系は角張ったステンレス車体、8800系は従来車を継承、1400系と8810系は正面窓と前照灯とが一体化したような形状となり、窓上部にはステンレスの化粧板が張られるほか、尾灯も12200系特急車のように横3列のものが採用される。そして検討の結果、在来車との併結や製造コストを考慮して以後は界磁チョッパ方式が採用され、1984（昭和59）年まで大阪・名古屋線用に1200系と2050系、奈良線用に9000系と9200系、南大阪線用に6600系が続々登場。8800系の界磁位相制御方式は後続形式こそ現れなかったが、8000系の省エネ改造に活かされた。そして、1400系と8810系のスタイルは以後の車両のプロトタイプとなる。

また、3000系、1400系、6600系といったように1970年代前半まで大阪線や南大阪線で活躍した旧型車のナンバーが、2代目として新しい姿で戻ってくるのも、

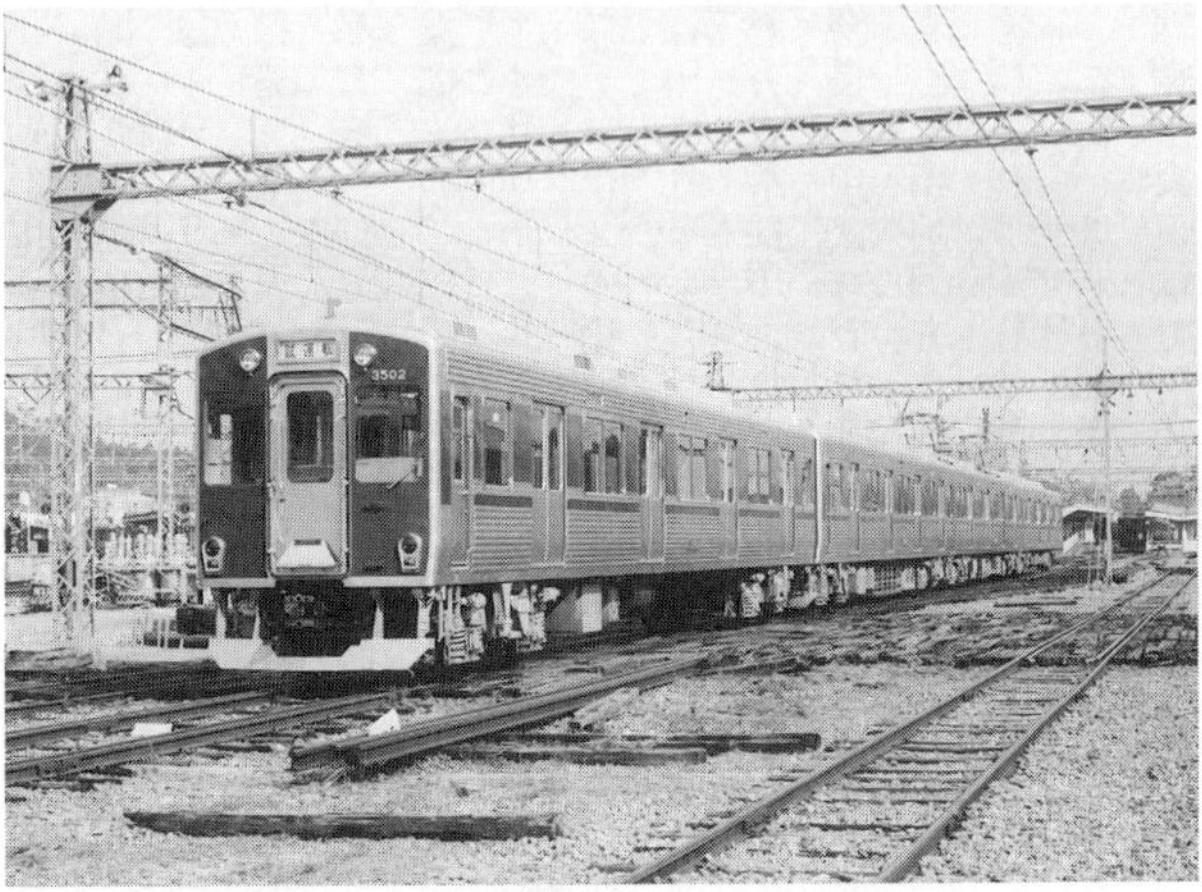

近鉄3000系（ク3502）。唯一の電機子チョッパ車は唯一のステンレス車体。　1979(昭54).3.11　橿原神宮前

歴史が古く車両形式の多い近鉄ならではのことであり、４桁表記の通勤形車両も番号のストックが尽きたのである。なお、１２００系は１９７２（昭和47）年に名古屋線初の通勤冷房車として４両１本が登場しているが、旧形機器流用の少数形式であるため、１９８２（昭和57）年に１０００系に編入。したがって、本項の１２００系は3代目である。

こうして、省エネ化に貢献した電機子チョッパ制御車だが、１９８０年代になると省エネ化に加え、保守の軽減や性能面でのメリットが高い交流電動機の採用と、それを制御するＶＶＶＦインバータ方式の開発が推進され、近鉄では試作車

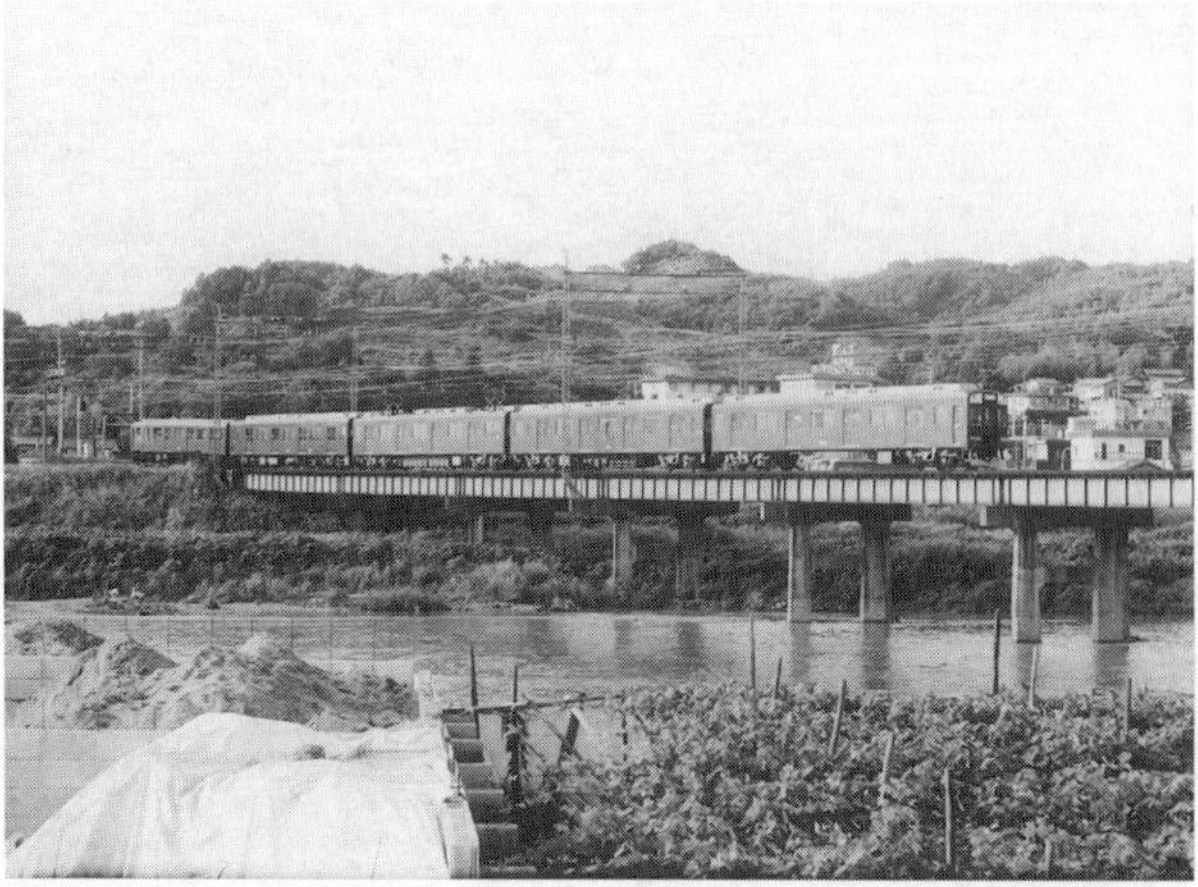

近鉄1400系。大阪線用の界磁チョッパ車。当初はク2590連結で5両でも活躍。　1981（昭56）.6.17　安堂〜河内国分

として１９８４（昭和59）年に１２５０系（当時。後に１２５１系を経て１４２０系に改称）２両１本が登場。その成果を踏まえ、１９８６（昭和61）年から１９８８（昭和63）年のわずか3年間に、前述の東大阪線用７０００系、京都市営地下鉄烏丸線乗入れ用の３２００系のほか、大阪線用として１２５０系量産車（当時。後に１２５２系を経て１４２２系に改称）と１２２０系、南大阪線用６４００系、それに大阪・名古屋線急行用として3ドア・転換クロスシートの５２００系が新製される。

１２５０系は１４００系や１２００系に準じた車体だが、以後のインバータ通

近鉄1250系。近鉄初のVVVF制御車。塗装変更後の写真。 1988(昭63).8.2 恩智～法善寺

近鉄5200系(ク5102)。大阪・名古屋線用3ドア・転換クロスシートの急行用車。 1988.(昭63).5.16 恩智～法善寺

勤形電車は7000系や5200系のように特殊用途の車両が鋼製車体である以外は、大型押出アルミ形材を使用した標準車体が採用され、車幅も奈良線並みに2800㎜に拡大された結果、裾を絞ったスマートな形状になる。さらに、7000系を除きマルーン一色だった通勤車の塗装も、3200系ではベージュを基調に窓周りを広めにマルーンを施したツートンカラーが採用され、以後は特殊狭軌路線を除き、この塗装に統一される。しかし、6800系以来の顔を持つ通勤車の正面窓周りにさらにベージュを施した塗り分けだけは、ファンの間でも賛否両論があるようだ。なお、大阪線用の1250系量産車と1220系とは同一仕様だが、形式が分かれているのは1250系が三菱製のVVVFインバータ制御装置を有するのに対し、1220系は日立製を採用しているのがその理由である。こうした採用機器の違いにより、インバータ通勤形電車は形式が多様化する。

経営合理化と「近鉄グループホールディングス」への移行

オイルショック以来、低成長期が続いたわが国も、1986（昭和61）年から1991（平成3）年にかけては後に「バブル景気（平成景気）」と呼ばれる戦後2番目の大型景気を迎える。しかし、そのバブル崩壊後、日本経済は長い平成不況の時代に突入。1991年度にピークに達していた近鉄の利用客数は、以後減少に転じるなど、厳しい局面を迎える。利用客の減少は沿線人口の少ない支線区ほど深刻で、近鉄ではそれ以前から利用客の鉄道離れが続いていた内部・八王子線のワンマン化を1989（平成元）年に実施したのを手始めに、1992（平成4）年には田原本線と北勢線で実施。1998（平成10）年度までに養老線・伊賀線・鈴鹿線と吉野線の一部列車が加わり、さらに現在では道明寺線・けいはんな線・生駒線・御所線・山田線・志摩線・鳥羽線・湯の山線のほか、南大阪線古市～橿原神宮前間と名古屋線伊勢中川～白塚間もその対象となっている。このうち、けいはんな線は運転士が集札業務を兼務しない、いわゆる都市型ワンマン運転路線である。

駅の無人化も並行する形で行なわれる。かつて無人駅といえば、単線支線区の棒線構造の小駅だけだったのが、ICカードやインターホンが普及した現在では一日あたりの乗降客数3000人以下の駅では大半がその対象となり、吉野線や山田線・鳥羽線・志摩線では特急通過駅のほとんどが無人であるほか、大阪線や南大阪線・名古屋線でも山間部や農村部を中心に無人駅の設置が拡大されている。

さらに、利用客が少なく経営面で厳しい支線区のうち、北勢線は2003（平成15）年4月1日に三岐《さんぎ》鉄道に譲渡。伊賀線と養老線は2007（平成19）年10月1日に、内部・

八王子線は2015（平成27）年4月1日に、それぞれ新会社の伊賀鉄道、養老鉄道、四日市あすなろう鉄道として再発足する。近鉄の大阪・名古屋線系路線から1067㎜と762㎜ゲージ区間が消滅するとともに、伊賀鉄道や養老鉄道といった大軌や伊勢電への合併前の伊賀線や養老線鉄道創立時の会社名が、はからずも蘇ったわけである。

また、近鉄も各事業の特性を活かしつつ、グループの総合力を最大限に発揮するため、2015年4月1日付けで、社名を「近鉄グループホールディングス」に変更。従来の近鉄内に存在した「鉄道事業」「不動産事業」「ホテル・レジャー事業」などを事業子会社化し、「近畿日本鉄道」は近鉄グループの鉄道事業子会社として再出発している。

大阪・京都市営地下鉄との相互直通区間延伸と阪神電気鉄道との相互直通運転

こうした「平成」の世における近鉄の鉄軌道線開業・延伸の話題としては、東大阪線延伸によるけいはんな線誕生や、阪神なんば線を介した奈良～神戸三宮間の相互直通運転、京都線の京都市営地下鉄乗入れ区間の延伸が挙げられる。その時期の早い京都線関連から記すと、1989（平成元）年時点で北大路～竹田間の路線を有していた京都市営地下鉄は、洛北への延伸を目指し、1990（平成2）年10月24日に北大路～北山間、1997（平成9）年6月3日には北山～国際会館間が開業し、近鉄との相互直通区間も北山、国際会館へと延伸される。そして、3220系が営業に就いた2000（平成12）年3月15日からは、従来の新田辺始終着の普通に加え、奈良～国際会館間で急行運転が開始されて現在にいたる。

東大阪線関連では、大阪市営地下鉄の咲洲《さきしま》（人工島）への延長路線である大阪港～コスモスクエア間が、第三セクターの大阪港トランスポートシステム（OTS）テクノポート線として、1997（平成9）年12月18日に開業。コスモスクエア～生駒間はOTS・市営地下鉄・近鉄との3社相互直通が実現し、起終点間では海底・地下・山岳の各トンネル体験ができるようになる。なお、大阪港～コスモスクエア間は2005（平成17）年7月に大阪市交通局に運営が移管される。

一方、東大阪線建設当初からの構想である京阪奈地区への延長線については、1978（昭和53）年に立案された関西文化学術研究都市（学研都市）が整備を開始していることで、1998（平成10）年7月に近鉄と奈良県などが出資する第三セクターの奈良生駒高速鉄道が設立され、同社が9月に京阪奈新線として生駒～登美ヶ丘（奈良市内）間の免許を取得。延長約3600mの東生駒トンネル掘削を含む工事は2000（平成12）年10月に開始され、2006（平成18）年3月27日に完成する。これに伴い東大阪線区間を含む長田〜学研奈良登美ヶ丘間がけいはんな線に編入される。大阪市営地下鉄との相互直通は、コスモスクエア〜学研奈良登美ヶ丘間に拡大され、同時にけいはんな線内ではワンマン運転を実施。さらに、最高速度も従前の70㎞／hから第三軌条としては異例の95㎞／hに引き上げられる。なお、新線の生駒〜学研奈良登美ヶ丘間は近鉄が第二鉄道種事業者、奈良生駒高速鉄道が第三種鉄道事業者とされる。また、大阪市営地下鉄は2018（平成30）年4月1日に民営化され、大阪市高速電気軌道（ＯｓａｋａＭｅｔｒｏ、通称「大阪メトロ」）として再出発を果たす。

阪神本線の支線である伝法《でんぽう》線（尼崎〜千鳥橋間）の難波乗入れについては、近鉄同様に阪神電気鉄道にとっても長年の夢であり、千鳥橋〜難波間特許獲得後の1964（昭和39）年5月に千鳥橋〜西九条間が開業。大阪環状線に接続することで阪神本線のバイパス路線的機能を有するようになり、同時に西大阪線に改称される。阪神はその後難波延長を企てるが、敷設予定地の反対運動などで延伸工事は凍結。その難波延長線が具体化するのは40年近い月日を経た2001（平成13）年7月10日のことで、阪神は建設工事と開業後の第三種鉄道事業を行なう第三セクター会社として、自社と大阪市などが出資する西大阪高速鉄道を設立。2003（平成15）年10月に工事に着手し、2009（平成21）年3月20日に西九条～難波間の地下鉄道を開業させる。難波駅は近鉄と阪神との共同使用駅になるのを機に大阪難波に、上本町も大阪上本町に改称される。また、尼崎～大阪難波間は西大阪線部分を含め阪神なんば線になる。

大阪難波で近鉄と阪神とのレールがつながったことで、両社は三宮（2014年4月に神戸三宮に改称）～奈良間で快速急行を設定するなど、相互直通運転を開始する。また、近鉄は方向別複々線区間上にある鶴橋駅では、奈良線列車と大阪線列車とは同一ホームでの乗換えができるほか、阪神は山陽電気鉄道（山陽）にも乗入れているため、神戸・姫路方面へは奈良線はもとより、大阪線からもアプローチが便利になったことは記すまでもなかった。山陽と阪神、それに南大阪線系統を除く近鉄線はゲージと電圧が同じなので、将来的には山陽姫路～奈良／賢島／名古屋間での有料特急運転も可能なわけで、近鉄と阪神の難波乗入れは実現に約40年の隔たりがあるものの、まさに夢が膨らむ相互直通であった。

絶え間ない発展を遂げる「平成～令和時代」の近鉄電車

最後に1989（平成元）年以後「平成30年間」における車両の動向について記すと、

近鉄26000系さくらライナー。南大阪・吉野線用シンボルカーの「さくらライナー」。 2011（平23）.5.9　矢田～河内天美　写真＝交通新聞クリエイト

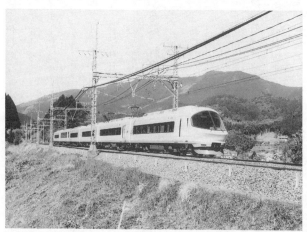

近鉄23000系。志摩スペイン村開業に合わせて登場した「伊勢志摩ライナー」。 1994(平6).4.5　長谷寺～榛原

特急車は運転区間や輸送対象、それに編成を固定化したシンボルカーと、従来からの汎用特急車の2つの流れができたのが最大の特徴といえよう。

シンボルカーでは21000系アーバンライナーに続き、1990（平成2）年には吉野特急用に26000系さくらライナー、テーマパーク・志摩スペイン村開業に合わせ1993（平成5）年には23000系伊勢志摩ライナーが登場。さらに、アーバンライナーの増備車21020系アーバンライナーnextが2002（平成14）年に新製される。

そして、2012（平成24）年には、それまでのシンボルカーとは一線を画す伊勢・志摩への豪華観光特急50000系「しまかぜ」が落成。吉野線観光特急としては2016（平成28）年に16200系「青の交響曲（シンフォニー）」が登場するが、この16200系だけは通勤車6200系からの改造である。これらシンボルカーや観光特急は、どの形式も塗装・スタイルともいい意味で個性的であり、目的地までクルマで家族旅行に出かけようとする親を、子どもが引っ張ってでも「電車で行きたい」とせがむほどの名車揃いである。2020年3月には21000系に替わる名阪特急専用車80000系「ひのとり」が、鮮やかなメタリックレッドを基調とした塗装で登場するので、小学生の孫と一緒に名古屋まで出かけるのを今から楽しみにしている。

近鉄50000系。伊勢・志摩方面への特急「しまかぜ」。 大阪教育大前～関屋
写真＝交通新聞クリエイト

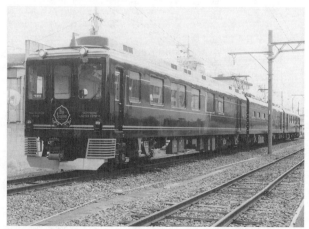

近鉄16200系。南大阪線・吉野線用観光特急「青の交響曲」。 2016(平28).8.27　河内天美

汎用特急車は標準軌線区では1992（平成4）年からは、21000系並みの車体断面とプラグドアを有する貫通型の22000系ACE《エーシーイー》、2009（平成21）年にはそのマイナーチェンジ車といえる22600系Ace《エース》が登場。狭軌の吉野特急車も車体は共通設計となり、22000系に対し16400系が1996（平成8）年に、22600系には16600系が2010（平成22）年に立ち上げられる。各形式とも落成時は正面がオレンジ一色、側面は窓周りに紺色を配した標準色で登場するが、22000系のリニューアル工事が開始された2015（平成27）年からは、白をベースに山吹色を上下に配し、窓下に金色のラインを入れたものに変更される。これは車齢の高い12200系を除く全汎用特急車が対象となるが、車両スタイルが新塗装にぴったりの22000系はいいとしても、30000系ビスタカーの先頭車や12600系以前の形式には必ずしもマッチしているとは思えない。それらの車両の側面窓部分を黒く塗ることで、連続性を持たせたらいいと感じるのは、筆者だけだろうか。

なお、特急車は22000系からの新製車は全形式ともVVVFインバータ制御になるが、制御装置については標準軌線区用が三菱製、吉野特急用は日立製を採用しているのが特色といえる。

近鉄22000系。特急として初のVVVF制御を採用したACE。 1994(平6).4.5　長谷寺～榛原

近鉄22600系。22000系のマイナーチェンジ車のAce。 2009(平21).9.10　安堂～河内国分

一方、通勤形電車は4ドアロングシート車に関する限りは、1986（昭和61）年から翌年にかけて登場した6400系や1220系でアルミ製共通車体が採用されるが、1989（平成元）年製の1230系からは、標準軌線区の各線でそれまで異なっていた仕様をまとめて標準化することになる。つまり、1000番代の形式を有する車両では奈良線用や大阪線用、それに名古屋線用といった区別がなく、各線への入線が可能になったのである。

これら共通仕様車と6000番代の形式を有する狭軌区間用インバータ車は、1998（平成10）年まで製造が続くが、近鉄では三菱・日立両社のVVFインバータ制御装置を採用しているほか、編成の両数や台車形式、補助電源装置、ワンマン対応の機器搭載などの違いにより形式が多様化する。そして、この間日立製インバータ車で2両編成の1200番代の形式だけでも、1230系のほか1233系・1240系・1249系・1252系・1253系・1254系・1259系と実に8形式が登場する。1252系のようにモ1252形とク1352形が各1両だけで系列を構成している例もあるので、これらは車体形状から、それ以前の1220系を含め1220系グループと称することにする。そうした見地から1998年まで製造された車両形式は1220系の4・6両編成

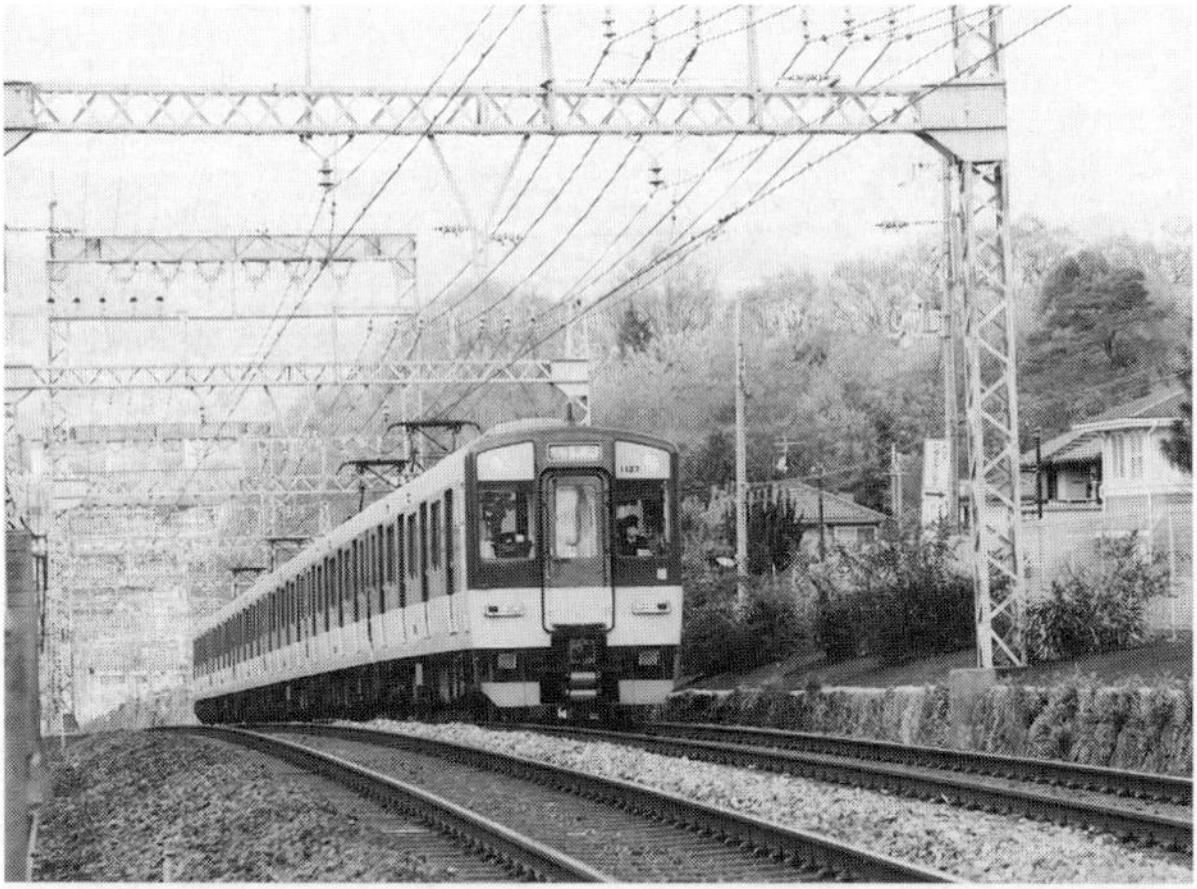

近鉄1020系グループ・1026系（ク1127）。阪神電鉄乗入れ対応で6両固定編成のVVVF制御車。　2013（平25）.4.11　学園前～菖蒲池

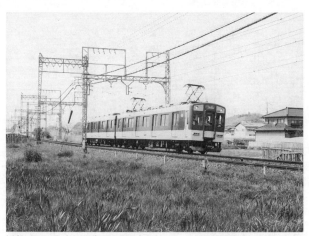

近鉄6400系グループ・6432系（モ6426）。南大阪線用のVVVF制御車。6432系はワンマン運転対応。　2013（平25）.4.19　駒ケ谷～上ノ太子

近鉄5800系（モ5811）。座席のロング・クロスの転換が可能なL/Cカー。
2014（平26）.1.3　安堂～河内国分

版の1020系グループ、三菱製インバータ車で2両編成の1420系グループとその4・6両編成版の1620系、狭軌区間用で日立製インバータ車で2両編成の6400系グループとその4両編成版の1620系に大別できる。

さらに、この間3ドア・転換クロスシート車の5200系グループが増備されるほか、1620系と同仕様の4・6両編成ながらもラッシュ時にはロングシート、閑散時や団体輸送に使用する際には回転させてクロスシートに変換できる5800系L／Cカーが、1997（平成9）年から翌年にかけて登場する。

そして、1999（平成11）年から

近鉄9820系（ク9328）。「シリーズ21」の代表格で主に奈良線用に活躍。
2009(平21).12.10　芦屋(阪神電鉄線)

2002（平成14）年にかけて、21世紀における近鉄通勤車の標準タイプとして、それまでのインバータ電車をフル・モデルチェンジした「シリーズ21」が登場。京都市営地下鉄直通の3220系、標準軌線区用2両編成の9020系、同6両編成の9820系、同L／Cカーの5820系、それに狭軌区間用2両編成の6820系がそのラインナップである。正面は3220系が走行線区の特性から非常ドア付きの「く」の字形だが、それ以外の車両は貫通式で、大型曲面ガラスの窓は屋根近くまで迫り、精悍なマスクとなる。また、塗装もそれまでの標準色を脱し、上部が薄茶色、下部が白でその境界に山吹色が入った「シリーズ21」ならではの独特なものになる。また、7000系の増備車として2004（平成16）年に、けいはんな線用に造られた7020系も、下2桁の数字が示すように「シリーズ21」の仲間で、座席などの形状にその思想が取り入れられている。

この「シリーズ21」は2006（平成18）年まで増備が続けられ、名古屋線を除く幹線区間で活躍を続けるが、その後は車両需給との関係もあり、製造は打ち切られている。しかし、大阪線用2410系など、ラインデリア搭載で登場した車両群も経年が上限にさしかかっているので、今後どのようなスタイルの通勤車が登場するのか、これも楽しみでもある。

100年以上にわたる大軌以来の近鉄の歴史は、当然ながら電車の歴史でもあり、筆者に近鉄電車に対する憧れを抱かせ、鉄道趣味に導いてくれたのも、幼き日に名古屋地下駅で見た6421系特急車の青とクリーム色の鮮やかな車体色と、シートに被せられていた真っ白なリネンである。以来60年以上の星霜を経るが、近鉄電車は特急車はもちろん通勤車も、その車両スタイルは常にセンスにあふれていて、鉄道ファンの間で高い人気を博している。近鉄電車がいつまでも健やかであることを祈りたいものである。

第2章

こんな風景が見られた昔日の近鉄

丹波橋駅での京阪・奈良電相互乗入れ

近鉄・京阪 丹波橋駅付近の路線地図（1972年頃）

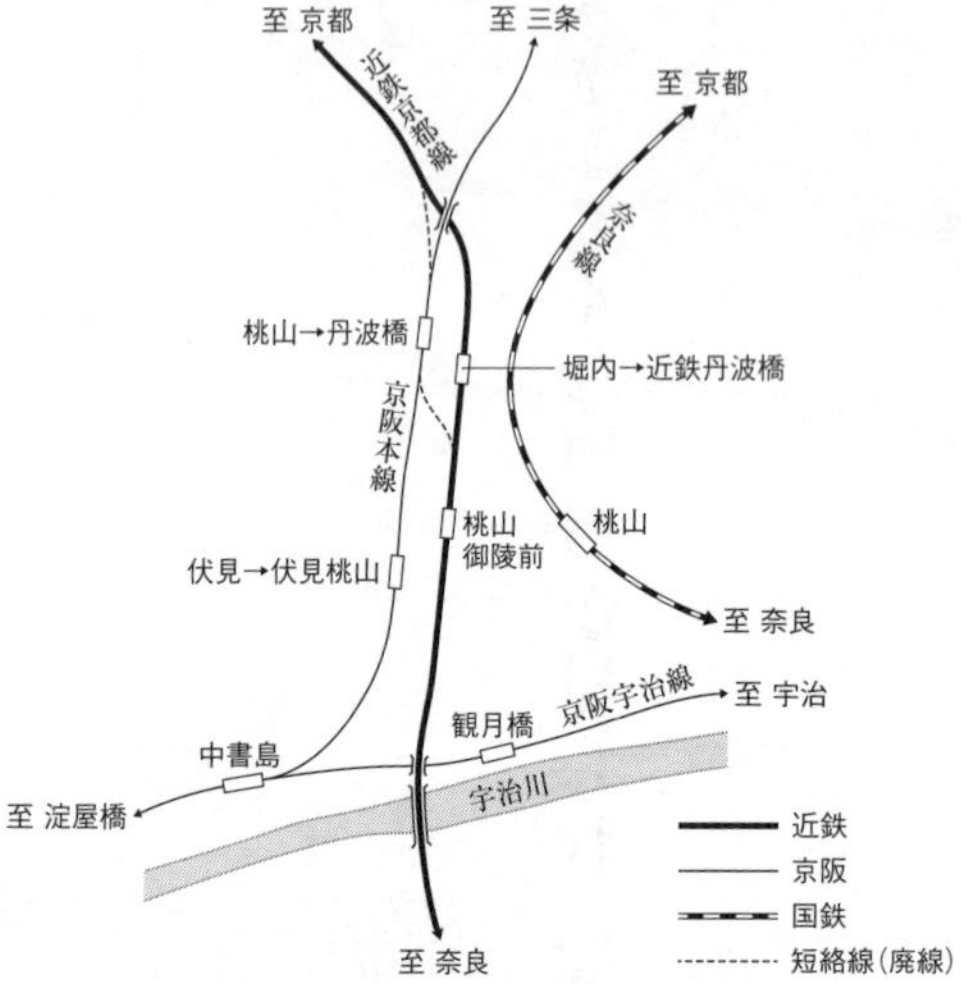

1928（昭和3）年11月に京都～西大寺間の全通を迎えた奈良電気鉄道（以下奈良電）は、下り方の位置関係から当初より大軌奈良・畝傍線に乗り入れていたが、もう一つの大株主である京阪電気鉄道（京阪）とは堀内～桃山御陵前間で線路が並走しているにも拘わらず、連絡の共同使用駅は設置されなかった。奈良電の堀内と京阪の丹波橋、同様に桃山御陵前と伏見桃山の両駅間はたかだか100mの距離で、歩いても3

丹波橋駅に停車する運輸省規格型車両の奈良電デハボ1100形は、近鉄モ600形と同系の兄弟電車だがクロスシートを装備していた。 1951（昭26）.2.26　撮影＝羽村 宏

分もあれば到達できるので、両社とも必要なしと考えたのだろう。

しかし、太平洋戦争の激化で京都市内の鉄道が爆撃で被災すれば三条・京都の両ターミナルの機能が低下するため、京阪と奈良電は１９４３（昭和18）年に丹波橋駅の移設と相互乗入れ運転を出願。翌年８月に着工するものの、資材や労働力の不足で工事の完成は遅れ、相互乗入れ運転が開始されたのは敗戦後の１９４５（昭和20）年12月11日のことだった。なお、京阪も戦時合併で１９４３（昭和18）年10月に京阪神急行電鉄の一員になるが、６年後の１９４９（昭和24）年12月に分離独立し、京阪の称号が復活する。

京阪 丹波橋駅配線図(1960年頃)

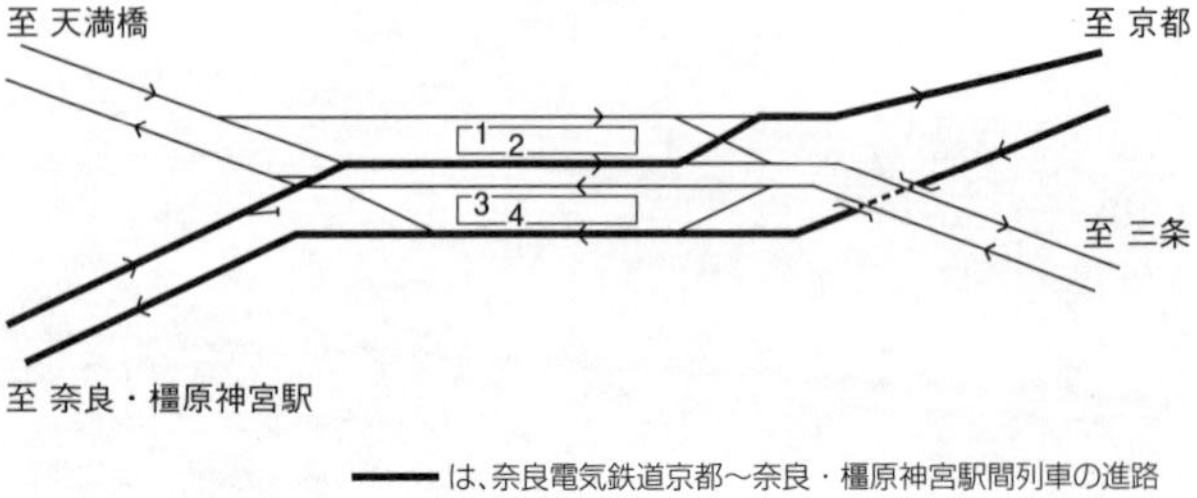

奈良電の丹波橋駅乗入れに際しては、堀内駅北方の京阪とのアンダークロス地点手前に短絡線を設け、丹波橋駅に進入。発車後は構内南方に設けた短絡線で奈良電の線路に戻りすぐ先の桃山御陵前駅に向かうという方式で、奈良電〜京阪間の直通運転については奈良電車両が三条〜奈良間、京阪車両は京都〜宇治間で実施される。さらに、丹波橋駅では、奈良電は全列車が、京阪も１９５０(昭和25)年９月に設定された特急を除く全列車が停車するため、利用客は同一ホーム上で相互間の乗換えができることで好評だった。だが、図に示すように、丹波橋駅では京阪側はすべてのホームを使用でき列車の待避・追い抜きも可能なのに対し、奈良電側は下り列車が４番線、上り列車は２番線だけしか使用できないほか、上下線の平面交差が存在する大阪・奈良方では、奈良電の上り列車が駅への入線時に場外で信号待ちによる停車をさせられるシーンも度々だった。

奈良電鉄・近鉄・京阪　乗入れ運転一覧

会社名	設定区間	種別	1959(昭和34)年当時		1963(昭和38)年 9月21日改正	
			本数	使用車両	本数	使用車両
奈良電 〜近鉄	京都〜 橿原神宮駅	特急	…	…	8/日	近鉄820系・ 奈良電クロス
		急行	1	近鉄400系	1	近鉄400系・820系・ 奈良電クロス
	京都〜天理	急行	…	…	1	近鉄400系・820系
	京都〜奈良	特急	12/日	奈良電クロス	6/日	奈良電クロス
		急行	1	奈良電クロス・ 奈良電ロング	13/日	近鉄400系・820系・ 奈良電クロス
		準急	…	…	1	近鉄400系・820系・ 奈良電クロス
		普通	2	奈良電ロング	1	奈良電ロング
京阪〜奈良電 〜近鉄	三条〜奈良	準急	5/日	奈良電ロング	5/日	奈良電ロング
		普通	不明	奈良電ロング	5/日	奈良電ロング
京阪〜奈良電	三条〜 大和西大寺	普通	不明	奈良電ロング	1/日	奈良電ロング
	京都〜宇治	普通	1	京阪旧型	1	京阪旧型

本数はデータイム、下り1時間当たりの数を示す。　数字/日は1日当たりの下り本数を示す
奈良電クロスは、奈良電鉄のクロスシート車(近鉄合併直後の形式ではモ670・モ680・モ690・ク580)、奈良電ロングは、奈良電鉄のロングシート車(近鉄合併直後の形式ではモ430・モ455・ク570・ク590)を示す
京阪旧型は500形・600形・1000形・1100形などのロングシート車を示す
京都大学鉄道研究会雑誌1963を参考にして作成

後発の子会社の悲哀といえばそれまでだが、理想的な線路配線でなかったのは、地形や用地との関係で致し方なかった。

奈良電は丹波橋駅構内の配線を利用しての三条乗入れのほか、近鉄奈良・橿原・天理線への乗入れも実施していたが、1959（昭和34）年当時と、近鉄への合併直前の1963（昭和38）年9月改正時点の運転状況を表に示すので、ご参照

丹波橋駅北方の立体交差の京阪線を行く近鉄モ430形と近鉄線への短絡線を行く京阪500形。(本来とは逆の線路を走行)　1966(昭41).8.1　撮影=高橋 弘

されたい。なお、奈良電の丹波橋乗入れに伴い堀内駅は廃止されるが、同駅付近の線路は貨物側線としてそのまま残された。

こうして奈良電の丹波橋駅乗入れは京都市内では〃日常の風景〃となり、20年以上が経過する。その間、1963(昭和38)年10月に奈良電は近鉄に合併され、電車の色も奈良電色の上半クリーム・下半グリーンのツートンカラーから、近鉄標準色のダークグリーンを経てマルーンに塗り変えられる。2つの塗装が存在したのは標準色が変更の時期に差し掛かっていたのと、特急・急行用のクロスシート車は合併直前から、近鉄800系並みにマルーン車体にステンレスの帯を巻く特別色が採用されたからである。１年後の１９６４（昭和39）年10月からは京都～橿原神宮駅（後の橿原神宮前）間に有料特急が設定され、奈良電～近鉄車両としては初めて丹波橋を通過する。京都始発の近鉄特急は１９６６（昭和41）年12月には宇治山田行きに発展するが、丹波橋の利用客にとってはお邪魔虫に過ぎなかった。

しかし、その頃になると京阪・近鉄とも列車本数の増加に加え、京阪の編成両数増強、近鉄では１５００Ｖへの昇圧問題や、８０００系など大型車両の導入計画が持ち上がったことにより、近鉄の丹波橋駅乗入れは難しい状況になる。そこで、１９６７（昭和42）年3月29日に貨物側線を旅客線として復活させ、旧堀内駅跡地に近鉄専用の丹波橋乗降場と橋上駅舎が竣工し、京阪駅とは連絡通路で結ばれる。この乗降場は仮駅扱いで通過列車のほか急行と準急の一部が利用。乗入れ列車や近鉄普通列車は従来通り京阪駅を使用した。

そして、近鉄京阪線に大型車が運転を開始した１９６８（昭和43）年12月20日、丹波橋乗降場は近畿日本丹波橋駅に格上げされると同時に、近鉄～京阪間の相互乗入れは廃止される。京阪鴨川東岸の桜や柳の茂った土手を行く奈良電（近鉄）電車や、近鉄との合併直前に新幹線真下に移転した京都駅に出入りする京阪電車も、今や半世紀以上も前の思い出となってしまった。

近鉄お家芸の「改軌」は何と8路線

レールの幅（ゲージ）を変更することを軌間変更または改軌という。近鉄では1959（昭和34）年に実施され、大阪～名古屋間の特急直通運転を可能にした延長80㎞近くに及ぶ名古屋線全線改軌があまりにも有名だが、改軌された路線は名古屋線を含め、表のように何と8線区に及ぶ。その半数は1067㎜ゲージの鉄道が、近鉄では〝広軌（標準軌）〟として採用している1435㎜への改軌だが、中には特殊狭軌と呼ばれる762㎜ゲージから1067㎜を跳び越え、一挙に1435㎜に拡幅された天理線や湯の山線があれば、戦前の名古屋線中川～江戸橋間のように1435㎜ゲージで建設された路線を1067㎜に縮めた例や、短区間ではあるが吉野線橿原神宮前（旧駅）～久米寺間のように1067㎜ゲージの外側にもう1本のレールをつぎ足し、青函トンネル内のように3線軌にしたような例も見られる。

では、なぜ近鉄では1922（大正11）年から、1970（昭和45）年までの約50年間に、国鉄～JRや他私鉄に比べ、これほどまでの改軌工事が実施されたのか、その理由を検証

近鉄における軌間変更路線一覧

線名	区間	距離	竣工年月日	当時の会社名	改軌前		改軌後	備考
天理	平端～天理	4.7km	1922（大11）4.1	大阪電気軌道	762mm	→	1435mm	改軌と同時に電化工事完成
吉野	橿原神宮前～久米寺	0.5km	1930（昭5）7.10	大阪電気軌道	1067mm	→	1067・1435mm	広狭三線軌化、1939.7.28線路移設により廃止
名古屋	参急中川～江戸橋	13.4km	1938（昭13）12.6	参宮急行電鉄	1435mm	→	1067mm	名阪間乗換え駅を江戸橋から中川に変更
田原本	田原本～新王寺	10.1km	1948（昭23）6.15	大和鉄道	1067mm	→	1435mm	改軌と同時に電化工事完成・近鉄が全面援助
神戸	伊勢若松～伊勢神戸	3.9km	1959（昭34）11.23	近畿日本鉄道	1067mm	→	1435mm	現鈴鹿線
名古屋	伊勢中川～近畿日本名古屋	78.8km	1959（昭34）11.27	近畿日本鉄道	1067mm	→	1435mm	1959.12.12名阪間直通特急運転開始
湯の山	近畿日本四日市～湯ノ山	15.4km	1964（昭39）3.23	三重電気鉄道	762mm	→	1435mm	近鉄が資金・技術面で協力
志摩	鳥羽～賢島	25.2km	1970（昭45）3.1	近畿日本鉄道	1067mm	→	1435mm	1969.12.10～1970.2.28運休・バス代行

していこう。

まず、第一に改軌路線が多いということは、路線数そのものが多く、それも軌間がマチマチだったということに起因する。近鉄の場合は本体の大阪電気軌道や１８９６（明治29）年に創立された河陽《かよう》鉄道など、車両を所有する鉄道会社だけでも大小20以上にもなる集合体なので、その建設事情や時代背景などから、関西の幹線系私鉄がこぞって採用した１４３５㎜のほか、国鉄との直通運転が可能な１０６７㎜、輸送量が小さな軽便鉄道向けの７６２㎜の３通りのゲージが存在しても別段不思議ではなかったのである。

次に、改軌が必要な要因としては大都市相互間や、大都市と観光地間を結ぶ区間で、途中駅でゲージが異なっていれば乗換えが避けられず、直通客が多い路線ではその不便を解消し、列車を直通させる手段として改軌工事が実施される。名古屋線や志摩線のほか天理線や湯の山線はその典型であり、改軌とともに待ってましたとばかりに、大阪・名古屋などから直通列車が運転を開始している。神戸線（現鈴鹿線）も狭軌時代から名古屋線との直通運転が実施されていたので、同様といえる。天理線や湯の山線のように762㎜ゲージからの改軌は、直通運転のほかに、車両の大型化による輸送力増強やスピードアップに貢献したことは記すまでもない。

また、志摩線は低規格で建設された路線で半径の小さい急カーブが多く存在するため、改軌に合わせ線形改良も実施する必要性が生じ、そのため工事の最終段階では3カ月近い運休期間を設けている。改軌後、約半世紀を経て大部分が複線化された現在でも、スピード運転に適さない区間が点在し、鳥羽～賢島間では志摩磯部と鵜方《うがた》にだけ停車する特急でも、表定速度は60㎞／hに届かないのは残念なような気がする。

田原本《たわらもと》線は単線の支線区だが、大和鉄道の経営だった戦後間もない時期に1435㎜

ゲージへの改軌と電化が同時に実施されたのは、近鉄線に包囲された立地条件もさることながら、沿線の宅地化による人口増が見込めることで、将来の合併を前提に、〝近鉄の一員〟としてゲージや車両を統一して運転した方が合理的だと判断したからだろう。したがって、改軌・電化後の田原本線（大和鉄道線）へは近鉄から貸し出しのモ200形電車が入線し、誰の目にも単に近鉄の支線にしか映らず、「大和鉄道」とか「大鉄（やまてつ）」と呼ぶのは地元の人たちだけだった。

名古屋線中川〜江戸橋間の狭いゲージへの改軌や、吉野線橿原神宮前（旧駅）〜久米寺間の広狭併用による3線軌化は、利用客の乗換え改善や車両運用の合理化が目的だった。しかし、前者は名古屋線全線の改軌で再び1435㎜ゲージに戻り、後者は大軌・大鉄両社による橿原神宮総合駅の竣工による線路付け替えで廃止される。

ところで、名古屋線全線の改軌は伊勢湾台風襲来から2カ月も経たない1959（昭和34）年11月27日に竣工したことで、「禍を転じて福と為す」の表現がよく使われるが、これについては第1章でも述べたように、近鉄はすでに1960（昭和35）年2月を目標に名古屋線の標準軌化を計画しており、1959（昭和34）年9月までには次のような準備に着手していたことが大きかった。①老朽化した木曽川橋梁、揖斐・長良川橋梁を、標準軌対応の複線方式の新橋梁に架け替えるとともに、前後5・6㎞の複線化を実施。②神戸線を含む名古屋線全線を10区間に分け、3日間を1単位として改軌を行ない、中川方から名古屋方へ標準軌と狭軌の乗換え駅を移動しながら約1カ月で完了させる具体的な計画の作成。③拡幅作業に時間を要するカーブ部分には、狭軌レールの外側に標準軌レールを並べ、先に4線軌での運転を実施。④車両面では名古屋線標準軌化後に運転を開始する10100系ビスタカーⅡ世や、1600系通勤車をメーカーに発注。⑤名古屋線が狭軌である間は高性能車の投入を見送り、在来車の標準軌化に際して、新造台車に履き替えることで対処。⑥名古屋線標準軌化に際し、列車が直通する大阪線を含め主要駅構内配線の変更や、車庫・工場の拡張改良を実施。

こうした綿密な計画が策定され、準備工事も進行していたからこそ、名古屋線の標準軌化の完成は、予定より約3カ月前倒しされたのである。もし、準備工事がなされていない時期に伊勢湾台風クラスの大型台風が襲来していれば、現状復帰が先決課題となり、名古屋線の改軌は大幅に遅れていたかもしれない。

名古屋線改軌以後、大阪・名古屋・山田線系路線では湯の山線と志摩線の1435㎜ゲージへの改軌が実施されるが、貨物列車の運転継続や非採算などの事情で、1067㎜や

762㎜ゲージのままで残された養老・北勢《ほくせい》・内部《うつべ》・八王子・伊勢・伊賀の各線は、廃止または他社への事業譲渡や新会社への移行などで、現在の近鉄の路線図から姿を消している。改軌という大事業がなされるか否かは、路線の命運を握っているかのようでもある。

20m車の進出を拒み続けた名古屋線の〝直角急カーブ〟

第1章でも触れたが、名古屋線四日市付近には路面電車との交差部分で見られるような直角に曲がる渡り線並みの急カーブが1950年代半ばになっても残され、大阪・山田線のような20m車の入線ができないばかりか、列車のスピードアップの妨げにもなっていた。では、なぜ近鉄の動脈幹線であるはずの名古屋線にそのような〝直角急カーブ〟が存在したのか、鉄道建設当時の時代背景とともに検証してみよう。

現在の名古屋線のうち江戸橋～桑名間は、戦前に伊勢鉄道により建設される。津市（のち部田《へた》、現廃止）～江戸橋～新四日市間が全通した1922（大正11）年3月1日当時は、全線が単線の蒸気鉄道で、新四日市駅は国鉄四日市駅の南西方向に位置していた。国鉄駅

参宮急行・伊勢電鉄・養老鉄道(旧)の沿革

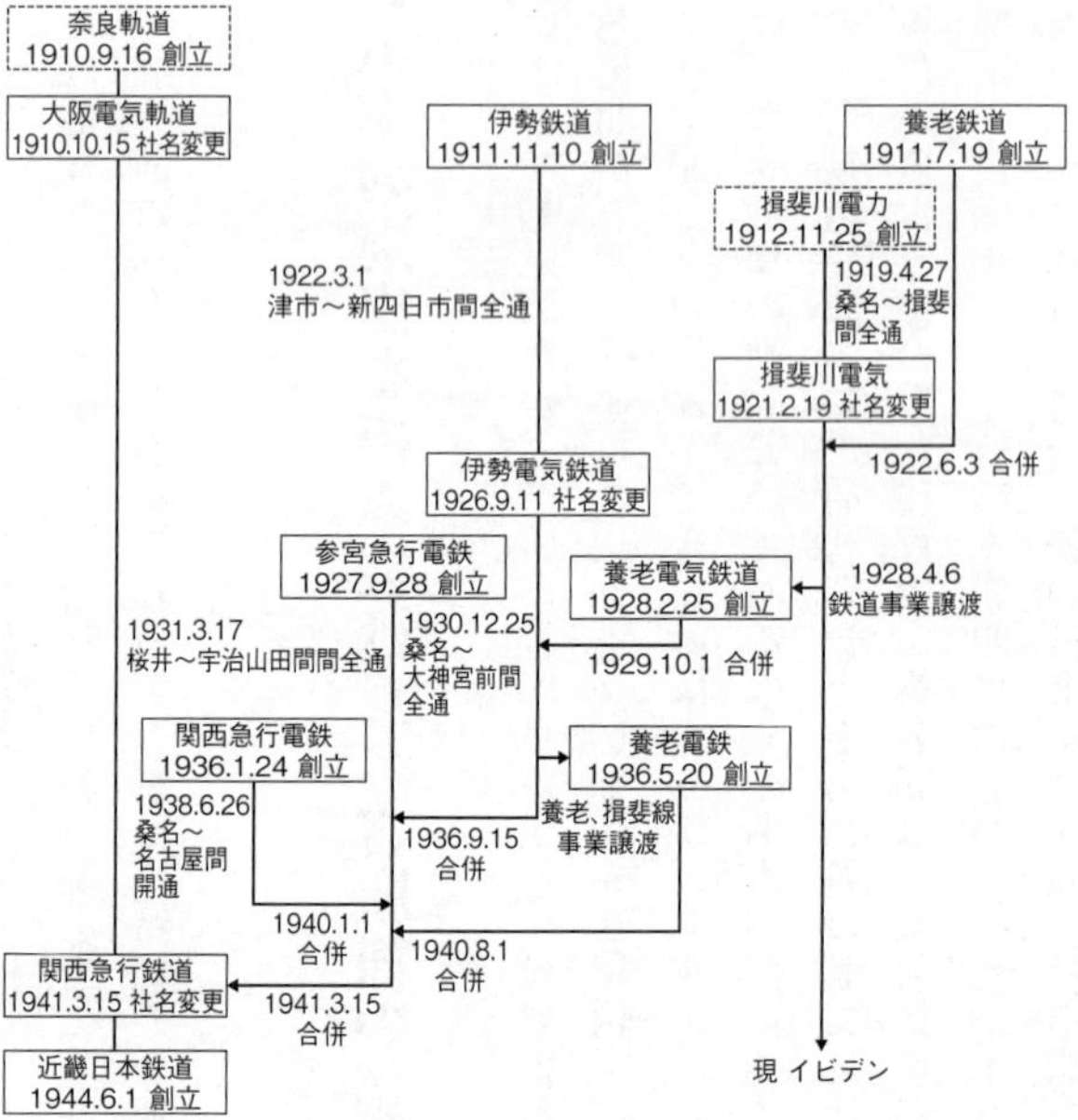

と新四日市駅とは共同使用駅とされたものの、三重県内で同様の駅である桑名・津・松阪などとは異なり、国鉄と伊勢鉄道のホームは離れていた。そのため、両ホーム間を移動するには長い連絡通路を通らなければならなかった。なお、新四日市は7カ月後の同年10月1日、四日市に改称される。

三重県の主要都市である津と四日市の直結という初期の目的を果たした伊勢鉄道は、これだけでは満足せず、1926（大正15）年9月に

旧四日市駅付近の「善光寺カーブ」を行く6421系特急。 1956(昭31).9.15　撮影＝伊藤禮太郎

会社名を伊勢電気鉄道に変更し、同年12月26日から電車運転を開始する。そして、北は名古屋へ、南は神都・伊勢への延長を企て、その第1段階として、1929（昭和4）年1月30日に四日市〜桑名間を一気に開通させる。それも蒸気鉄道時代とは異なり、諏訪〜桑名間はすべて複線での敷設だった。そして、桑名では国鉄駅に乗入れるとともに、桑名〜大垣〜揖斐間に路線を持つ養老電気鉄道に接続する。

　こうした積極的な経営戦略を展開した伊勢電だが、住宅地が密集する四日市駅周辺では、国鉄線に沿って桑名方面への線路を敷設するにも用地買収が困難なせいか、四日市〜諏訪間は四日市鉄道（四日市市〜湯ノ山間）と、三重鉄道（四日市市～内部・伊勢八王子間）の線路を譲り受けるという手段を選ぶ。両鉄道とも762㎜ゲージの軽便鉄道で、四日市市駅に隣接する四日市市駅から次駅諏訪までは、市街地を単線並列の形態で国鉄線とは直角になる西方向に進み、諏訪から先は電気運転の四日市鉄道が北西方向に、動力が蒸気の三重鉄道は南西方向にカーブを切り、それぞれ終点を目指していたが、伊勢電への譲渡を前に四日市～諏訪間は1928（昭和3）年11月までに廃止され、起点駅はそれぞれ諏訪に変更される。

一方、譲渡を受けた伊勢電は廃止された四日市～諏訪間の線路を1067㎜ゲージに改軌し、同区間を単線で開業。四日市では南から国鉄線と並走するように進んできた伊勢電線とレールをつないだため、ここに半径100mという地方鉄道の常識では考えられないような急カーブが出現する。カーブの内側に善光寺があるため地元では「善光寺カーブ」と呼ばれた。

また、3社の列車が発着する諏訪では、伊勢電線は既存の四日市鉄道線の内側に線路を敷設して川原町に向かうため、これまた半径160mの急カーブの線形となる。こちらは付近に天理教の建物があることから「天理教カーブ」と通称され、諏訪駅ホームの桑名方もその起点部分を成していた。四日市市内の2つの急カーブを電車が車輪をきしませなが

四日市付近の路線図　1956(昭和31)年10月1日当時

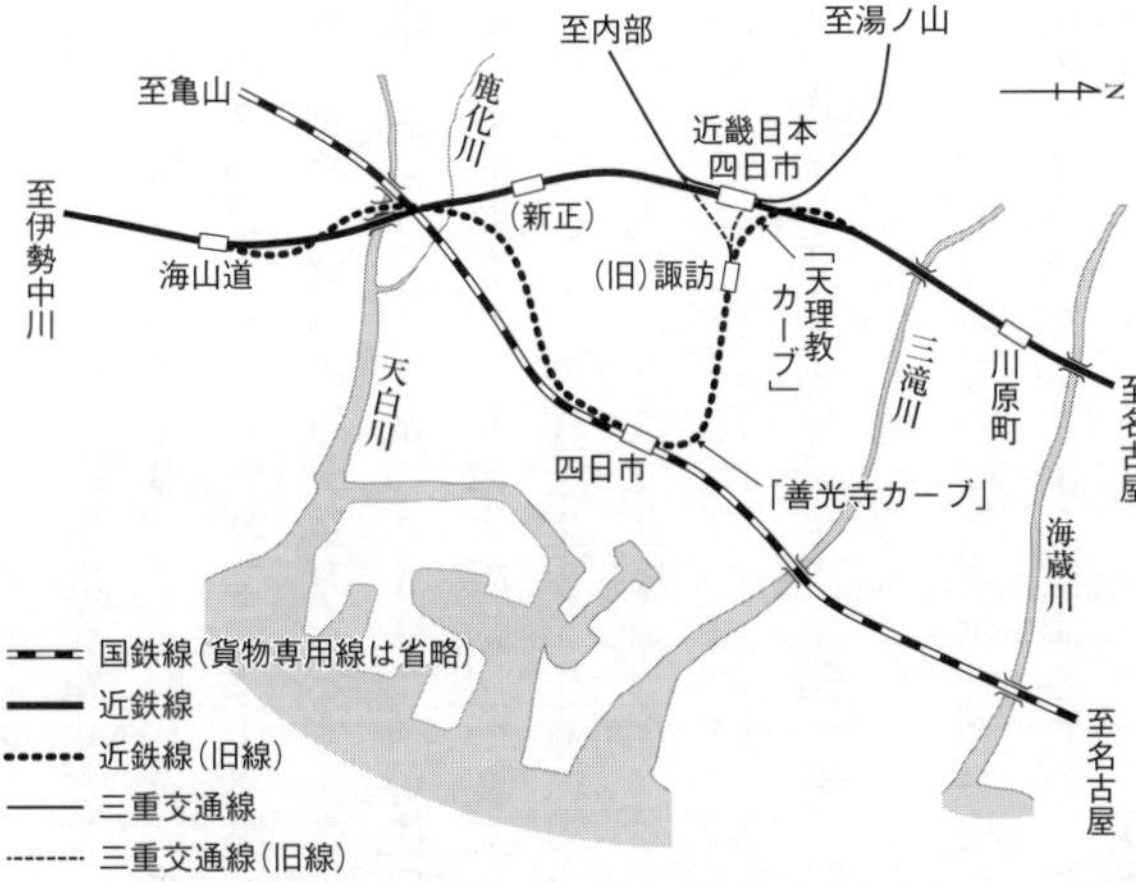

ら、ゆっくりと通過するシーンが目に浮かぶが、伊勢電車両は15m～17mの小・中型車ばかりだったので、運転には影響がなかった。なお、四日市～諏訪間の複線化は1938（昭和13）年4月に完成するが、腹付け式線増のためカーブは従来通りの半径のまま残された。

伊勢電は翌年12月25日に、津新地～大神宮前間をこれまた複線で全通させるが、この延長線建設が財政上の負担となり会社は経営困難に陥る。そして、伊勢進出を競い合っていた参宮急行電鉄とは、不本意ながらも1936（昭和11）年9月に合併。桑名～名古屋間は参急・伊勢電両社の出資により設立された関西急行電鉄により、

1938（昭和13）年6月26日に開業し、途中江戸橋での乗換え（同年12月6日、中川に変更）があるものの、名阪間を電車だけでの旅行が可能になる。

時代が少し下って1947（昭和22）年10月8日、8年ほど前までは大軌・参急・関急電鉄の3つの会社に分かれていた上本町～名古屋間は、すでに近畿日本鉄道に統合されており、戦後復興への意気込みを示すかのように、特急が運転を開始する。当初は戦前の優等車である2227系や6301系が使用されるが、有料特急にふさわしい車両として1953（昭和28）年に大阪線用の2250系と、名古屋線用の6421系が同スタイルで登場。しかし、車長は2250系が20mなのに対し、6421系は19mに抑えられ、座席定員を揃えることはできなかった。名古屋線は四日市の急カーブが理由で、19m車でも入線がやっとといった状態だったのである。だが、この頃になると名阪間でライバルになる国鉄東海道本線も全線電化も近づき、近鉄特急といえども中川乗換えというハンディをかかえ、3時間近く要するスピードでは安閑としているわけにはいかなかった。

そこで、名古屋線の標準軌化計画が持ち上がるが、その前段階として海山道《みやまど》～川原町間の複線化を含む短絡工事が実施される。この工事は四日市付近の線路図で示すように、四角形の三辺を辿る〝ドラゴンレール〟のような同区間を直線に近い線形で結ぶもので、国鉄四日市駅への乗入れ断念という犠牲を払う、当時としては大胆なものだった。工事は1956（昭和31）年9月23日に完成し、新ルート上には諏訪駅に替わる近畿日本四日市駅が設けられ、三重交通湯の山線と内部・八王子線も同駅に発着するなど、四日市市の新ターミナルとして整備される。2カ月半後の12月8日には大阪線上本町～布施《ふせ》間の複々線化も竣工し、12月21日のダイヤ改正で名阪特急の所要時間は、それまでの2時間42分から2時間35分にスピードアップされる。中川での4分の乗換え時間や車両の性能、それに伊賀上津～中川～桃園間、津新町～江戸橋間、桑名～弥富《やとみ》間に単線区間が点在する線路条件からは、限界とも思える数字だった。この海山道～川原町間の短絡化により、名古屋線では20m車の入線が可能になり、後の名阪間直通運転もスムーズなものになる。

筆者は小学1年生だった1956（昭和31）年の夏休みに、東京方面への家族旅行からの帰路に近鉄の名古屋～鶴橋間を利用しているが、名古屋地下駅で特急の後を追って発車する緑色の急行電車に乗ったことと、八木駅で立ち売りのアイスクリームを買ってもらったことだけは覚えているが、それ以外は中川での乗換えを含め何故か記憶にない。鉄道に関する興味がまだ薄かったのかもしれないが、四日市での2つのカーブ通過を〝体験〟しているだけに、幼い日のこととはいえ思い出せないのは何とも悔やまれてならない。

建設の歴史を物語る南大阪線の急カーブ群

近鉄大阪線の上本町～大和八木間と、南大阪線の阿部野橋～橿原神宮前間は、双方とも大阪市と奈良県橿原市を結び、南大阪線の阿部野橋は上本町から南へ約2・5km、橿原神宮前は大和八木から南へ3・3kmという位置関係から展型的な並行路線といえる。

しかし、両区間の距離はとなると、上本町～大和八木間の34・8kmに対し、阿部野橋～橿原神宮前間は39・7kmである。南大阪線の方が実に5km近くも長い距離を、換言すればその分だけ余分な距離を走っているわけだが、なぜ、これほどまでに〃差〃がついてしまったのか？ 答えは記すまでもなく、南大阪線には布忍《ぬのせ》・道明寺・古市付近に見られるような半径200m前後の急カーブ区間が存在し、迂回を強いられているからである。このような線形では、電車は50km／h以下のスピードに減速を強いられるので、運転面でも好ましくないことは分かり切っている。では、こうしたカーブがなぜ、どんな理由で出来上がったのか、歴史的経緯と重ねながら検証してみよう。

近鉄の歴史に少しでも興味のある方ならご存知かと思うが、近鉄の母体が大軌であって

近鉄南大阪線の急カーブを行く急行電車。4両の吉野発阿部野橋行急行が最高時速45kmでゆっくり通過する。 2005(平17).3.12 土師ノ里～道明寺

も、最も古い時期に開通した路線は、現在の道明寺・南大阪・長野線の3線にまたがる柏原～古市～富田林間であり、その第1期区間である柏原《かしわら》～古市間の開業年月日は、大軌上本町～奈良間より16年も早い１８９８（明治31）年３月24日のことで、大阪市に本社を置く河陽《かよう》鉄道により建設された。古市～富田林間の開業は少し遅れ同年４月14日になる。

この河陽鉄道の開業区間は、当時私鉄だった大阪鉄道（現在の近鉄南大阪線を形成する大阪鉄道とは別会社。１９００年関西《かんせい》鉄道が買収、１９０７年国有化、現ＪＲ関西本線）の支線的性格を持ち、同鉄道からの乗換え客や貨物を富田林方面に運ぶことを目的とした蒸気鉄道で、貨車を直通させることからゲージは必然的に１０６７㎜が採用された。これが現在にいたる近鉄南大阪線系路線の運命を決定づけることになる。また、柏原～富田林間９・９㎞は多少の起伏があるものの全体的には平坦地形であり、開業時に設けられた道明寺・古市・喜志《きし》の３駅付近

近鉄南大阪線 路線図と急カーブ区間

以外には人家も少なく、架橋を必要とする大和川を除いてはこれといった障害もないため、線路はほぼ直線に近い形で敷設された。

さて、柏原〜富田林間を開業させた河陽鉄道だが、経営基盤が弱いこともあって業績が振るわず、事業を新会社の河南《かなん》鉄道に譲渡して解散する。そして、河南鉄道は河陽鉄道が免許を有しながらも〝未成線〟のままで終わっていた富田林〜長野（現河内長野）間を１９０２（明治35）年12月12日に全通させる。長野では先に開通していた高野《こうや》鉄道（現南海電気鉄道高野線）駅に乗入れたことで、ここに大阪市内〜長野間には２通りの鉄道ルートが出来上がる。しかし、大阪ミナミの汐見橋からは高野鉄道でそのまま長野へ直通できるのに対し、河南鉄道で長野へ行くには相変わらず柏原での乗換えというハンディがあった。しかも、１９１２（大正元）年10月に高野鉄道が電車運転を開始し、日中でも30分ヘッド運転を行なうようになると、１時間当たり１本がいいところの河南鉄道は太刀打ちできず、〝南河内のローカル私鉄〟に甘んじるしかなかった。

そこで、河南鉄道はかねてから計画していた大阪進出を果たすため、道明寺〜大阪天王寺間の免許を取得し、１９１９（大正８）年３月には会社名も大阪鉄道（以下、大鉄）に改称。まず、１９２２（大正11）年４月19日に、道明寺〜布忍間を単線未電化のままで開業させる。経由地となる藤井寺や松原は道明寺からは真西の方向に当たるため、道明寺駅構内で分岐後はある程度のカーブになることだけは避けられなかった。だが、同駅のすぐ先には世界文化遺産に登録された応神天皇陵をはじめとする古市古墳群が南北方向に並んでいるため、それらを避けて北方に迂回して線路を敷けば、カーブは緩和されるもののかなりの距離になるため、道明寺から直角に近い急カーブで西進し、土師ノ里《はじのさと》付近で古墳群の隙間を抜けるという厳しいルートを選んだのである。

大鉄線は藤井寺から先はこれといった障害もないため、ほぼ直線に近いルートで西進するが、現高見ノ里駅付近を通過した直後に、今度は北西方向に急カーブを切って布忍に到達する。布忍に駅を設けるかどうかは二の次にして、河内松原付近から緩いカーブで北西に進み、大阪市内を目指す方法もあるはずだが、あえて道明寺並みのカーブが採用された背景には2つの理由があった。

1つは高見ノ里からそのまま線路を西進すれば、どこに到達するか。5万分の1の地形図を見れば答えは一目瞭然だが、JR阪和線堺市・南海高野線堺東・同本線堺駅の3駅である。つまり、大鉄は天王寺以外に堺市内への延長線建設も視野に入れ、天王寺開業後の1926（大正15）年11月に堺〜大和高田間などの敷設免許を持つ南大阪電気鉄道を合併

近鉄　南大阪・吉野線系線区の沿革

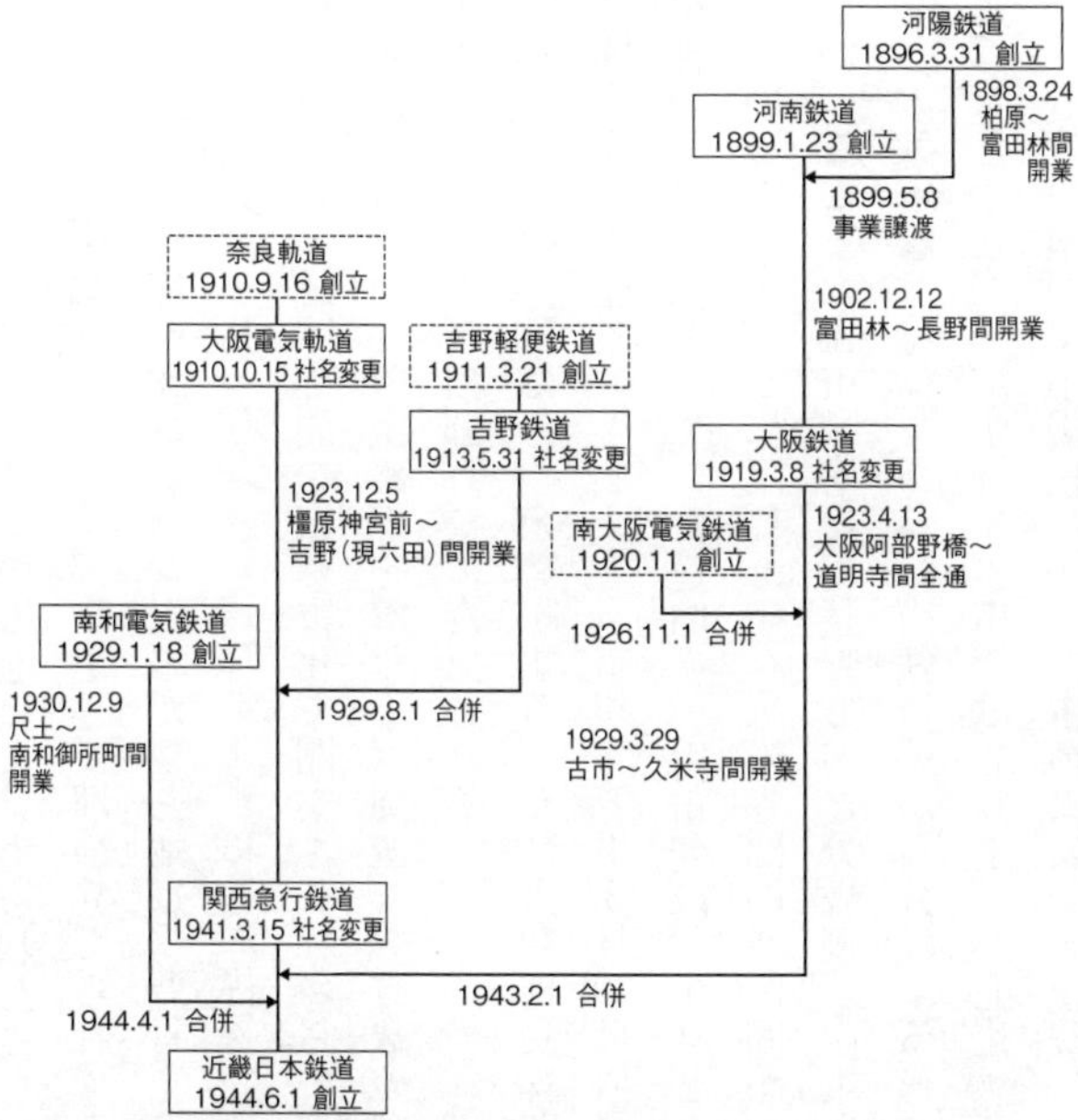

したのである。これが実現しておれば、高見ノ里は分岐駅となり、東西方向に鉄道のない堺市の交通事情も格段に良くなったと思われるが、後述の事情もあって残念ながら実現にはいたらなかった。

もう1つの理由は布忍開業時点で、カーブ地点の内側に三ツ池と呼ばれる西池・長池・寺池という比較的大きな灌漑用のため池が存在したことが挙げられる。建設費を少しでも切り詰めるために池の縁に沿うルートを選んだのだろう。この三ツ池はのちに1つの池にまとめられた後も、1970年代前半まで残り、写真も鉄道誌に掲載されている。しかし、埋め立てられてからも相当の年月が経過した現在では、戸建て住宅やマンションなどが建ち並び、昔日を偲ぶよすがもない。

さて、大鉄は1923（大正12）年4月13日に待望の大阪天王寺乗入れを果たすのと同時に、天王寺〜道明寺間を複線電化で開業させ、さらに、翌年6月までには柏原〜道明寺〜長野間を含む会社の全路線を電化し、関西でも有数の私鉄にのし上がる。この間、大阪天王寺の駅名は大阪阿部野橋に変更される。

そして、大阪鉄道はその余勢を駆るように大和延長線として古市〜久米寺（現橿原神宮前）間を複線で建設。1929（昭和4）年3月29日に同区間を一気に開業する。電化後も単線のままで残されていた道明寺〜古市間は、1928（昭和3）年12月に複線化が竣工しているので、ここに阿部野橋〜久米寺間の全区間が複線鉄道で結ばれたわけである。

だが、ここでも古市駅構内で長野方向と分岐後、南東方向への急カーブが出現する。もともと大鉄本線は母体である河南鉄道線から分岐する形で、大阪市内と大和橿原にレールを延ばしたことで、道明寺や古市では急カーブが発生する線形は致し方なかったが、古市の場合も駅の南側に小規模ながらも古墳（安閑《あんかん》天皇陵）があるため、こちらも次駅駒ケ谷へ向かうには急カーブにならざるを得なかったのである。このように大鉄本線の3カ所の急カーブは直線形態の旧河南鉄道線や、堺延長計画線からの分岐のほか、古墳やため池が行く手に〝障害物〟となっていたために形成されたものである。

さらに言えば、大鉄本線は大軌桜井線の国分～関屋間より、少し南の上ノ太子～二上《にじょう》山《ざん》間で大阪・奈良府県境の山越えに挑むが、地形は大鉄本線の方が急峻なため、ここでも2度のカーブで距離を稼ぐことにより最大勾配を33‰に抑えている。

このように大鉄本線は最高速度が50km／h以下に制限される3カ所の急カーブをはじめとする、曲線の多い線形であるため、近鉄南大阪線となって久しい現在でも、阿部野橋～橿原神宮前間は特急でも35分を要し、表定速度は68・2km／hにとどまっている。ちなみに、そのような急カーブは、山本駅付近を除いては見られない並行路線の大阪線上本町～八木間では、27分で結ぶ大阪線特急の表定速度は77・3km／hである。

大阪～橿原間では、大軌に比べ線形では恵まれないもののライバル路線として健闘した大鉄だったが、もう1つの目的地であった堺への延伸は最後まで果たすことができなかった。第1章でも触れたように大和延長線建設に際し多額な投資をしたことや、延長線開業直後の事故などで、堺どころではなくなっていたからである。

近鉄と名鉄はかつて線路がつながっていた

完成間近の関急名古屋地下駅、出札窓口、改札口からホームを望む。　絵葉書提供＝宮田憲誠

近鉄名古屋駅と名鉄名古屋（旧新名古屋）駅とは双方とも地下駅であるので、初めて訪れた人にとっては位置関係がわかりにくいが、実際には壁一つ隔てただけの至近距離にある。近鉄名古屋駅では普通列車が発着する①番線ホーム横には、同一平面上にある名鉄駅の①番線（下り岐阜・犬山方面行き）ホームに、そのまま移動することができる「名鉄線連絡改札口」が設置されており、互いの電車の姿も見えるので、近鉄名古屋と名鉄名古屋は〝同一駅〟と言っても差し支えないほどである。もっとも、ＪＲ名古屋駅もほぼ真上にあるので、名古屋駅は２階がＪＲ線ホーム、１階がＪＲ線コンコース、地下１階が近鉄・名鉄線ホームと見

なすことができ、もちろん駅の所在地は3社とも名古屋市中村区名駅1丁目である。名古屋市内のJR線と大手私鉄のターミナル駅を1カ所に固める配置は、まさに〝名駅〟そのものである。

JR名古屋駅は、国鉄時代の1937（昭和12）年2月に現在地に移転。高架上に4面8線のホームが設けられたほか、駅舎は地上6階・地下1階の構造となり、その規模から「東洋一の駅」と称された。そして、翌年6月、関西急行電鉄が名古屋駅東側地下に乗入れる。ホームは頭端式・櫛形の2面3線だが、当時の列車本数からはまだ余裕のある設計だった。では、同時期の名鉄名古屋本線はとなると、西部線と呼ばれる名岐線押切町（現廃止）～新岐阜（現名鉄岐阜）間と、東部本線神宮前～吉田（現豊橋）間に分かれ、レールがつながっていないばかりか、電圧も岐阜側は600V、吉田側は1500Vと異なっていた。名古屋中心部の押切町～神宮前間を移動するには、同区間を市電に乗るか、名岐線列車が乗入れる柳橋から名古屋まで歩き、そこから汽車で神宮前最寄りの熱田まで出るかしかなく、不便この上なかった。

そのため名鉄では、国鉄名古屋駅移転時点で同駅の地下に新名古屋駅を建設し、名岐線と東部本線をドッキングさせる計画が立てられる。工事は名岐線側から着手され、

関急名古屋駅と新名古屋（現名鉄名古屋）駅の位置関係と配線図

1941（昭和16）年8月21日〔新名古屋駅開業〕当時

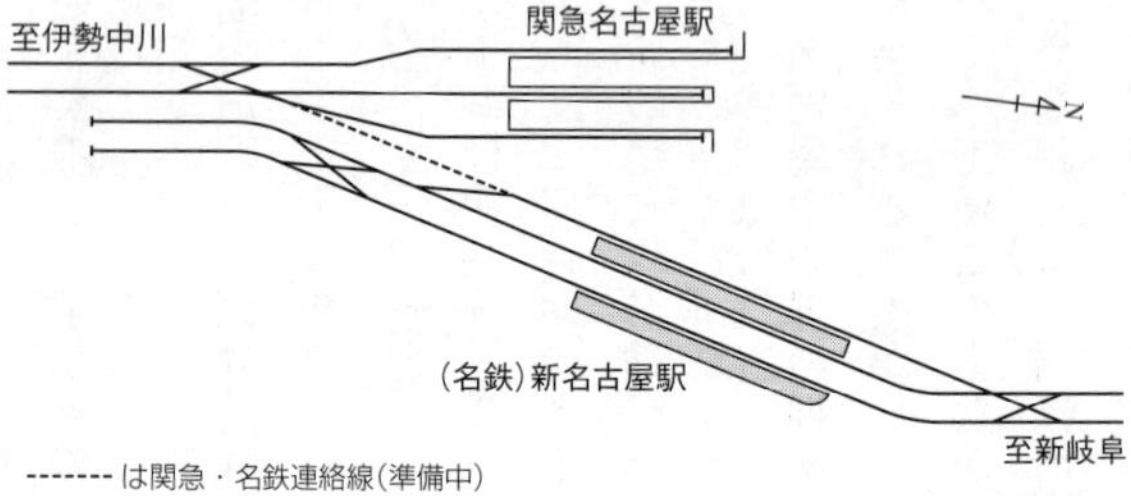

------- は関急・名鉄連絡線（準備中）

1941（昭和16）年8月に枇杷島橋《びわじまばし》（現枇杷島分岐点）〜新名古屋間が開通する。これにより、枇杷島橋〜押切町間の旧線は廃止され、名岐線の列車は関西急行鉄道名古屋駅の東隣に設けられた新名古屋駅に発着。スピードアップはもとより、国鉄や関急線との連絡は格段に便利になった。新名古屋駅は、図のように片面と島式の2面3線のホームからなり、片面ホームは降車専用。島式ホームは乗車専用で、降車ホームに到着した列車は神宮前方向の引上げ線に向かい、折返し岐阜方面行きとして今度は乗車ホームに入るという、効率的な配線だった。この時、新名古屋駅では将来の直通運転に備え、関急名古屋駅との間には連絡線が敷設できるよう、壁を開けるなどスペースが確保される。名鉄も関急もゲージは1067㎜だが、新名古屋駅開業と同時に実施できなかったのは、関急線の電圧が

1500Vだったからである。

一方、名鉄東部本線の新名古屋乗入れについては、神宮前からの距離が長い上に用地買収や、戦局の激化による人材・資材の不足もあり、大戦末期の1944（昭和19）年9月になって実現する。しかし、せっかくのレールがつながっても、東西線の電圧の違いはそのままだったため、金山が1500Vと600Vの分界駅とされるものの、直通運転はできなかった。この不便が解消するのは、西部線系の路線が1500Vに昇圧される1948（昭和23）年5月のことで、この日を期して豊橋～新名古屋～新岐阜間の線路名称は現在の名古屋本線となり、同区間に直通の特急列車が設定される。短絡線のレールが敷かれるのもこの前後なので、建設準備から約7年の〝待ちぼうけ〟を喰らっていたわけである。その間に、関急～近鉄側の駅名は会社名の変更とともに、関急名古屋→参急名古屋→関急名古屋→近畿日本名古屋と目まぐるしい変遷を繰り返していた。だが、名古屋本線成立当時は名鉄・近鉄とも線路などの施設や車両の復旧事情が芳しくなかったため、両社間の直通運転など時期尚早の話だった。

半ば宝の持ち腐れのようになっていた名古屋地下駅の短絡線だが、これを使用した近鉄・名鉄間の相互直通運転は、戦後の世もようやく落ち着いた1950（昭和25）年8月

4日から、臨時団体列車に限って実施される。名古屋地下駅の配線からして、近鉄電車が豊橋方向に向かうには、新名古屋の新岐阜方次駅の栄生《さこう》の引上げ線で折り返す必要があり、逆に名鉄電車が近鉄線に入るには、上り用の1番線（当時）しか使えないという条件下では、致し方ないことだった。

団体列車の行き先として、近鉄は豊橋・豊川・犬山・常滑《とこなめ》方面、名鉄は宇治山田（中川乗換え）や養老方面が記録として残されている。豊川は現在の名鉄豊川線豊川稲荷ではなく、伊奈から分岐する小坂井《こざかい》支線と国鉄飯田線経由で豊川駅に乗入れるという3社直通運転だった。さらに飯田線を北上し、田口鉄道（のち豊橋鉄道田口線）の鳳来寺《ほうらいじ》まで乗入れたという話も聞くが、この4社直通については正確な記録はない。また、近鉄電車の名鉄線乗入れについては、鉄道誌などに写真が掲載されているが、逆の例は筆者が調べた限りでは、『写真が語る名鉄80年』に名鉄3800系による「直通記念号」の1枚だけで、近鉄線内を走る名鉄電車の写真にはお目にかかっていないのは残念である。

こうした近鉄・名鉄の相互直通運転だが、線路容量不足に加え、名鉄ビル（現名鉄百貨店）建設工事開始もあり、1952（昭和27）年12月20日の短絡線廃止により終了する。近鉄名古屋線が標準軌化されて60年になる現在では、もはや伝説の1ページといえよう。

信貴山上を電車が走る

山の上を電車が走る。それも遊園地にあるような子ども相手のミニ鉄道ではなく、レッキとした普通鉄道の電車である。現在では思いもつかない、このような鉄道が昭和戦前・戦中の1930（昭和5）年から1944（昭和19）年にかけて、大阪・奈良府県境の信《し》貴山《ぎさん》上に存在した。麓からの鉄道やケーブルカーとはレールがつながっていない路線が、なぜ、どのような目的で建設されたのか。時代を90年近く遡り、検証してみよう。

そもそも信貴山は標高こそ437mとさして高い山ではないが、その山頂近くには聖徳太子が創建したと伝えられる朝護孫子寺《ちょうごそんしじ》があり、関西に多数の信徒を有している。この信貴山へは毘沙門さまが虎とともに降臨したとされることで、寅の日には特に参詣客が多い。境内には大きな虎の張り子があるほか、信貴山口〜高安山間の西信貴鋼索線のケーブルカー・コ7形にも虎のイラストが大きく描かれていて、まるで阪神タイガースファン御用達車両のような感じである。

この信貴山への参拝客輸送を目的に、信貴生駒電気鉄道が1922（大正11）年5月16

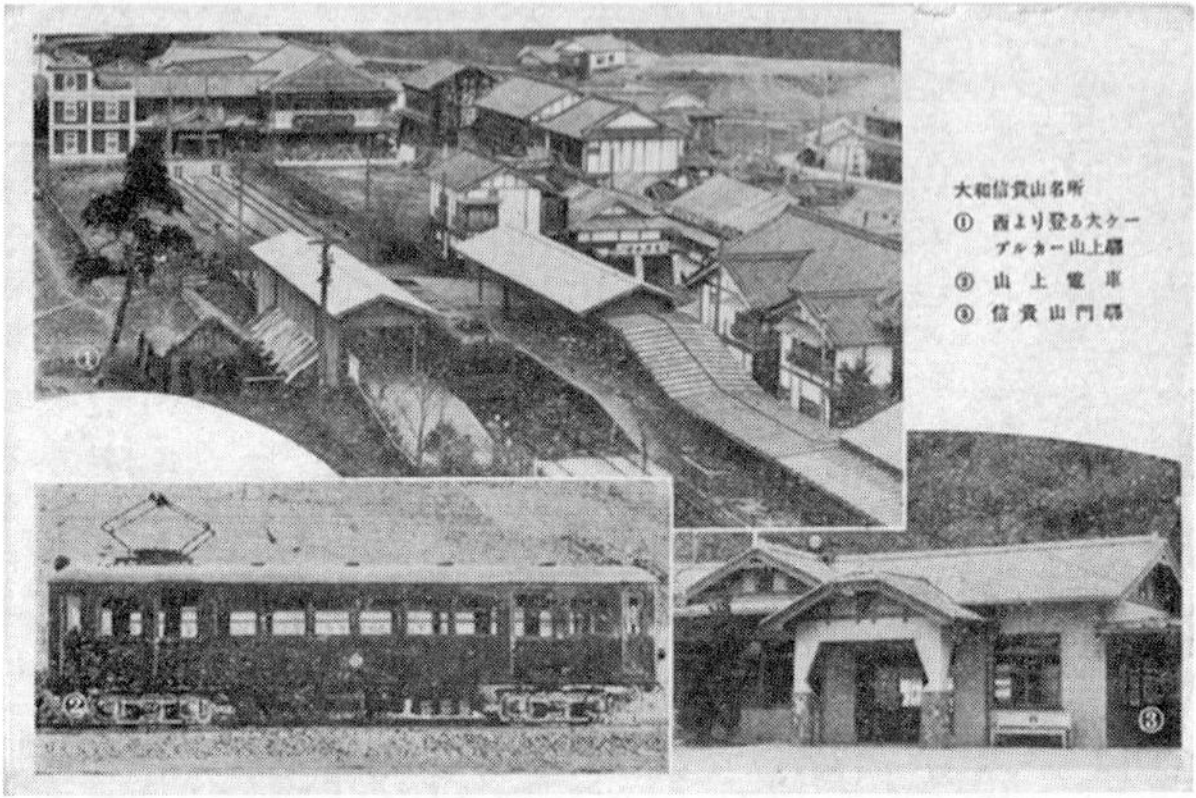

信貴山急行電鉄の写真3枚組みの絵葉書、① は「西より登る大ケーブルカー山上駅」とあるが周囲の情景からみて信貴山門駅の俯瞰写真と思われる 。② はデ5形の側面、③ は信貴山門駅舎。 絵葉書提供 ＝ 宮田憲誠

日に、王寺〜山下（現信貴山下）間の鉄道線と、山下〜信貴山間の鋼索線をセットの形で開業する。信貴山駅から朝護孫子寺までは徒歩10分以内の距離であり、信貴生駒電気鉄道のケーブルカーが賑わったことは記すまでもなかった。王寺〜山下間だけだった信貴生駒電気鉄道の鉄道線は、事業譲渡で会社名が信貴生駒電鉄となった後の1927（昭和2）年4月に王寺〜生駒間の全線が開通。大阪市内からはそれまでの関西本線経由に加え、大軌線生駒経由でも信貴山詣でが可能になるが、両ルートとも一旦奈良県側に出てから山へ登る迂回ルートであり、必ずしも便利であるとはいえなかった。

1932（昭和7）年初頭における信貴山周辺の鉄道地図

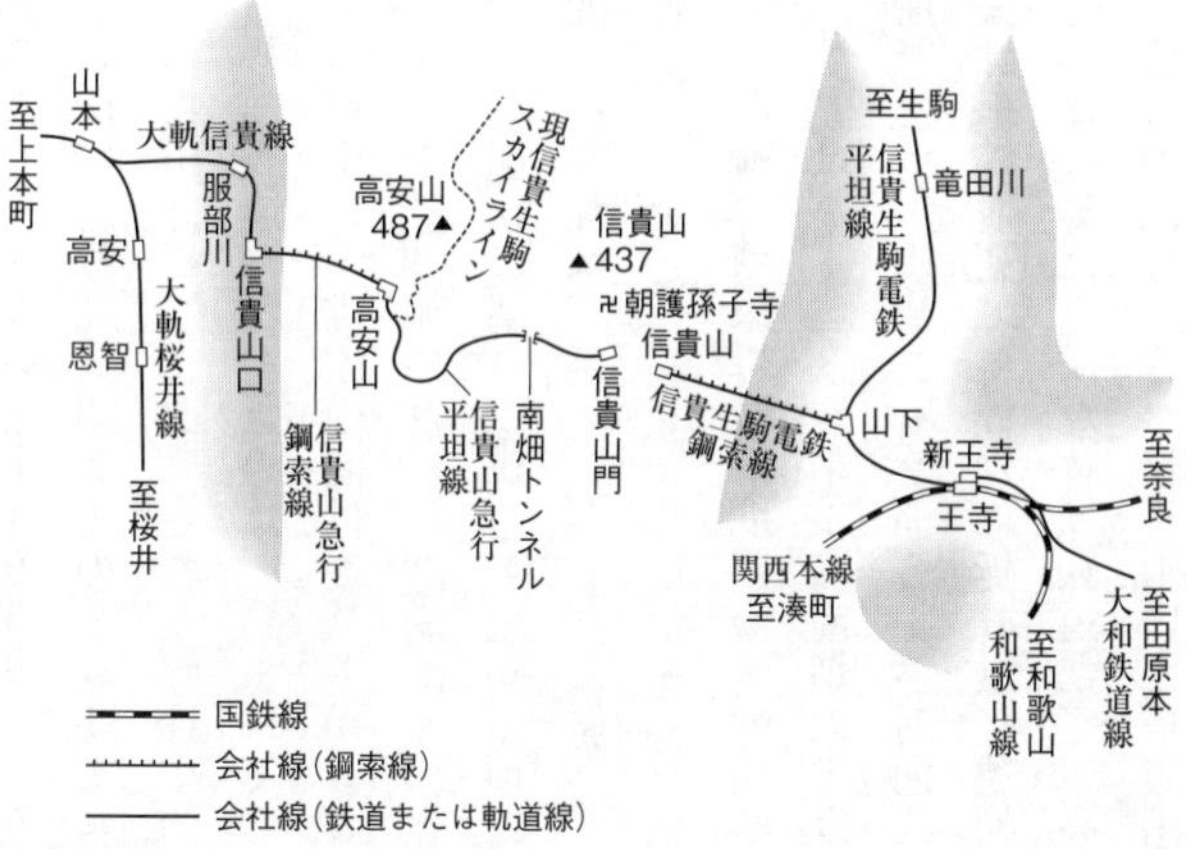

そこで、大阪市内から現在の八尾市を通り、最短経路で信貴山へアプローチできるようにするため、これより少し前の1926（大正15）年2月に大軌は山本～枚岡《ひらおか》間の鉄道線と信貴山への鋼索線の免許を出願。同時期には信貴山ケーブルが恩智《おんち》～南畑《なんばた》（信貴山）の索道（ロープウェイ）、大軌の傍系会社である信貴山電気鉄道が山畑（現在の服部川駅東方）～勢野間の鋼索線と鉄道線を出願する。そして、以後紆余曲折があるが、結果として免許を受けた会社のうち、山本～信貴山口間2・8kmの鉄道は大軌が、信貴山口～高安山間1・3kmの鋼索線と、高安山～信貴山門間の2・1kmの鉄道線は信貴山電気鉄道改め信貴山電

鉄が建設し、3路線とも1930（昭和5）年12月15日に同時開業する。

この信貴山電鉄は開業後の1931（昭和6）年11月に、会社名が信貴山急行電鉄（以下、信貴山急行）に改称される。途中の高安山駅を挟んで信貴山門側が「平坦線」と呼ばれる普通鉄道になったのは、第1章でも記述したように生駒山地が傾動地形であり、大阪側の信貴山口～高安山間は高低差が336mもあるので、鋼索鉄道かロープウェイでないとアプローチは無理だが、高安山～信貴山門間は高低差105m、標高が400m前後で、かなりの起伏はありながらも生駒山地の稜線に沿って走る〝平坦〟な地形（ただし鋼索線区間に比べればだが……）であるため、普通鉄道での建設が何とか可能だったのである。『鉄道ピクトリアル』1964（昭和39）年5月号によると、信貴山急行平坦線のゲージは1067㎜、軌条は全区間37kgを使用し、電車線は直流1500Vの単式カテナリーを採用。橋梁はなく、トンネルは南畑の1カ所のみ。停車場は起終点の高安山と信貴山門の2カ所だけで、両駅とも2面2線の対向式ホームを有し、複線構造の線路ではあるが、運転方式は単線並列で各線別に折り返し運転を行っていた。

これだけでは立派な普通鉄道だが、高安山駅付近は山上に近いこともあって人家が少なく、旅客のほぼ全員が信貴山口～信貴山門間を通し利用するため、平坦線の車両は定員1

00人の鋼索線車両（ケーブルカー）と同サイズのもので事足りた。そのため、開業に際しては単車運転が基本で、正面非貫通14m級電車のデ5形・3両（5・6・7号）が製造される。車窓からの眺望を配慮してか、車体側面には丸みの付いた大きな窓が並び、窓上部もヘッダーのない端正なスタイルだが、一見、電気機関車を思わせる頑丈な台車には、箱根登山鉄道車両と同様のカーボランダム・ブレーキ（レール圧着ブレーキ）が装備されるなど、完全に〝登山電車〟だった。信貴山急行平坦線の最急勾配の数値については、近鉄資料室所蔵の「信貴山電鉄工事概要」によると、何と1／14（約71・4‰）と記載されており、これは粘着運転を行う鉄道では箱根登山鉄道の80‰に次ぐものである。

開業当初の平坦線電車は通常時2両使用、1両予備での運転とされる。平坦線にはデ5形のほかに車両は在籍しなかったが、5号起番としたのは、鋼索線車両に1形（1・2号）の形式番号を付与したのが理由である。また、信貴山電鉄は大軌の傍系会社だが、1067㎜が全国標準とされる鋼索線はともかく、平坦線のゲージが大軌標準の1435㎜でなかったのは、鋼索線に合わせるための措置だと考えられる。線路が独立している山上の路線に、メーカーで落成したデ5形車両を搬入する方法も気になるところだが、これについては、何と鋼索線を使って引き上げる手段がとられた。幸いにして写真も残されて

伊賀線で活躍する晩年のモ5251形。旧信貴山急行デ5形でステップが取り付けられたほか、台車も履き替えているが、往時の優美さは残している。
1976(昭51).2.11　伊賀神戸～比土

いるが、勾配が優に400‰を超えていると思われる高安山駅ホームから下の線路を眺めたとき、ケーブルカーでない一般の車両を脱線や落下もさせず、無事によく運び上げたものだと感心する。

こうして、営業を開始した信貴山急行平坦線だが、開業時期が昭和恐慌の不況期と重なった不運もあって、当初見込んでいたほどの利用客はつかず、せっかくの電車も通常時は1両使用で十分な程度の輸送量だった。しかも、利用客が増え営業も軌道に乗り始めた1932（昭和7）年11月に、デ5が高安山駅の車止めに衝突して長期の戦線離脱を余儀なくされ、1937（昭和12）年9月にはデ6が谷底に転落し、車体を大破するという不幸に見舞われる。デ5の場合は休車で済んだが、デ6は廃車を免れなかった。

こうした度重なる不運や、戦時体制への移行もあって信貴山急行の業績は好転せず、1938（昭和13）年8月には経営を大軌に委託。そして、戦局が悪化した1944（昭和19）年1月7日には、信貴山急行は鋼索線・平坦線とも不要不急路線に指定されていたこともあって、レール等金属類の回収を名目に、路線休止の措置がとられ、同年4月1日に関西急行鉄道と合併した。これにより活躍の場を失った平坦線用のデ5・デ7の2両は台車を外し、今度は恩智からの登山道を下る形で高安工場に運ばれる。そして、近鉄発足の1944（昭和19）年6月にはモ5251形に形式改称され、ゲージが同じ南大阪線に転入するが、低速と収容力との関係で使い勝手が悪く、1946（昭和21）年には伊賀線に再転出。ここで1977（昭和52）年まで30年以上にわたり活躍を続ける。一方、河内山本〜信貴山口間の信貴線は通勤・通学客の需要があるため、そのまま存続するが、信貴山口駅は本来の使命を失ったこともあり、終戦後の1948（昭和23）年7月に駅名を東高安に変更。信貴線も近鉄東高安線となる。

ところで、旧信貴山急行の鋼索線・平坦線は戦後も長らくの間、線路がはがされた状態のままで放置されていたが、信貴山への参詣客や観光客の便宜を図るため、1957（昭和32）年3月21日になってケーブルカーだけが近鉄西信貴鋼索線として復活し、東高安線と東高安駅も元の信貴線と信貴山口駅に戻される。信貴線には1460系2両編成が上本町から直通。鋼索線にも復活を機にコ7形7号（ずいうん）と8号（しょううん）が導入され、ともにピカピカの新車で利用客から人気を集めた。コ7形は還暦を過ぎた今日なお現役である。しかし、山上の平坦線については、巨費をかけて線路を敷き直すよりバス輸送に切り替えた方が得策であるため、直前の同年3月12日に廃止され、旧線路跡は舗装してバス専用道路として使用される。

こうして、わが国でも唯一の存在だった〝山上を走る電車〟は実働わずか12年余りで姿を消す。筆者は西暦2000年を挟んだ時期に、その高安山の麓にある小学校に勤務していたので、担任している児童たちに信貴山急行電車の話をしたこともあるが、「おじいちゃんがそんなようなこと言っていた」と反応した子がいたものの、ほとんどの子は信じられないような表情だった。信貴山急行の存在は、地元でさえ「伝説の鉄道」どころか、「知られざる鉄道」であるのが実情だが、夢とロマンに溢れたわが国唯一の山上の電車も、鉄道が交通の王者だった1930年代、すなわち昭和初期の時代だったからこそ成立したのだろう。

一時は狭軌で計画された名阪間直通運転

大阪～名古屋間の標準軌（1435㎜ゲージ）へのゲージ統一は、近鉄にとって終戦後の有料特急運転開始以来の重要課題であったが、1959（昭和34）年9月26日に襲来し、名古屋線沿線に甚大な被害をもたらした伊勢湾台風からの復旧と並行して、11月27日に竣工。12月12日からビスタカーⅡ世10100系による名阪間直通特急が走り出したことは、近鉄100年史を代表する事業の一つとなっている。その大阪～名古屋間だが、実はそれよりも20年も前の1939（昭和14）年頃に、狭軌（1067㎜ゲージ）車両による直通運転が計画されていた。当時同区間は大軌・参急・関西急行電鉄の3社により全通していたが、わが国は日中戦争下にあり、展開によっては、世界大戦に発展する危険性すら憂慮しなければならない状況にまで追い込まれていた。そうなれば、敵国が日本本土に攻め込んできた時、重化学工業地帯とともに国鉄東海道本線のような重要幹線鉄道は、真っ先に標的となることは容易に予想できた。そのため、東海道本線の名阪間が空襲などで不通となった場合の代替線の一つとして、大軌以下3社と大鉄を含む名古屋～阿部野橋間がク

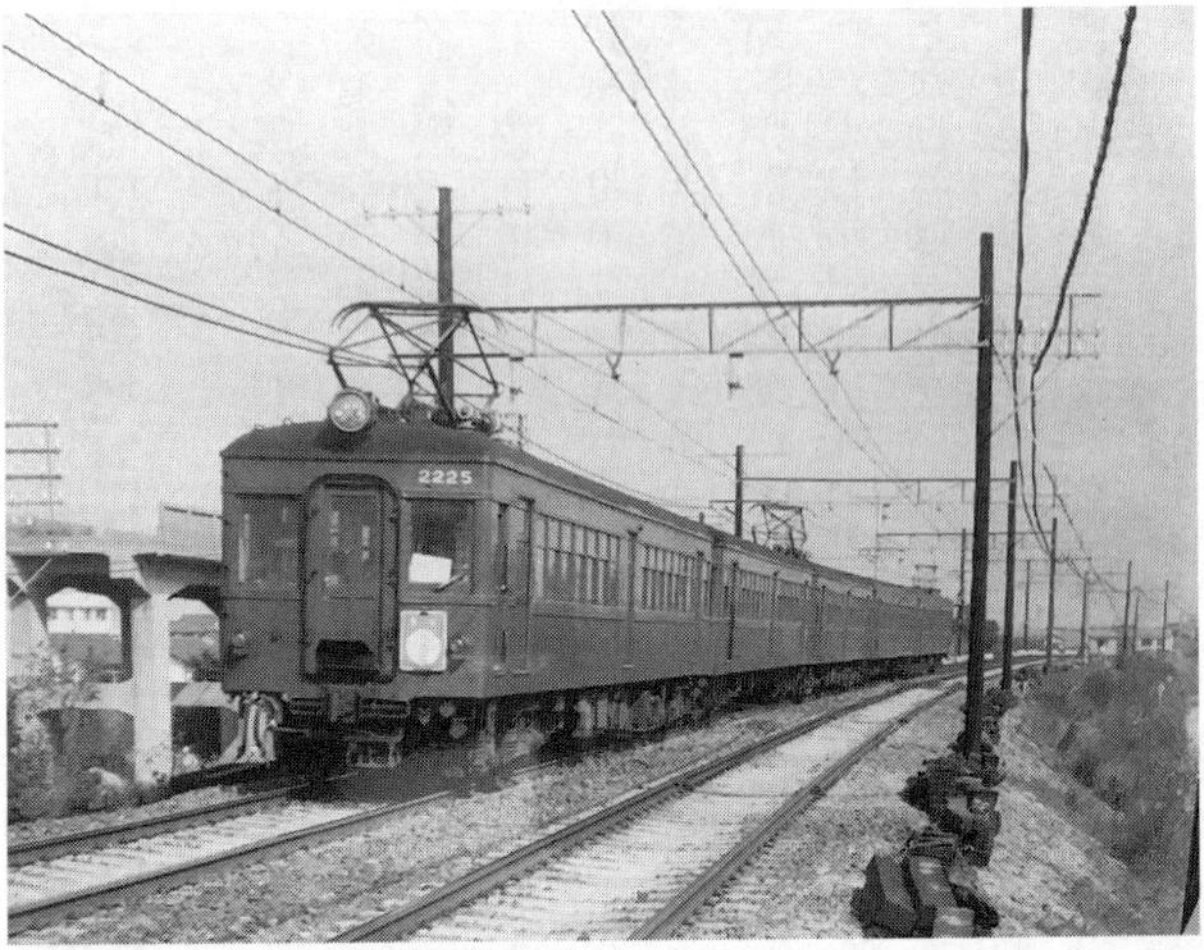

名古屋線を行くオール 2200系 5連の急行。写真左手は狭軌単線時代に国鉄関西本線を乗り越えていた弥富跨線橋の遺構。 1970(昭45).11.4 弥富～長島

ローズアップされたのである。場合によっては国鉄車両の入線も可能にするため、もちろんゲージは狭軌で統一しなければならなかった。

当時の名阪間は関急電鉄～参急の名古屋～中川間は狭軌だが、参急～大軌の中川～上本町間は標準軌のため、そのうちの中川～桜井間は三線軌に変更。桜井～上本町間は列車本数との関係もあって、簡単に三線軌化とはいかないので標準軌のままで残し、その代わりに桜井～畝傍《うねび》間は国鉄桜井線を電化して借用。畝傍～久米寺（橿原神宮駅）間は大軌小房《おうさ》線を走行し、久米寺からは大鉄線で大阪阿部野橋に乗入れると

いう計画が立てられる。現状の設備をなるべくそのまま活用し、いざとなれば、短期間に線路改修が可能という合理的な手法だった。

そして、そのための車両として1939年12月から、大軌ではデボ1400系、参急ではデ2200系増備車（2227系）が新製される。1940（昭和15）年に紀元2600年輸送があるため、当面は上本町〜橿原神宮駅／宇治山田間で使用するが、いざとなれば簡単な改造で狭軌線を走行できるよう、狭軌用の150kW主電動機を搭載しているのが特徴だった。狭軌用主電動機で大出力かつ大型のものを製造するとなると、枕木方向の寸法が限定されるため、レール方向に広げざるを得ないが、その結果、デボ1400形とデ2227形のD22形台車は、ホイルベース（軸距）が2700㎜の堂々としたものになる。ちなみに当初から標準軌用のデ2200形のKS31L形台車の軸距は2450㎜だった。

その後、戦争の激化により、東海道本線・関急線とも沿線は空襲による大被害を受けるが、幸いにも鉄道は長期間の不通を余儀なくされるような事態は避けられたため、狭軌による名阪間直通は実現しなかった。しかし、もし実施されていたとしても、列車は中川・畝傍・久米寺の3駅でスイッチバックを強いられるほか、20m車の1400系や2227

系は四日市付近の急カーブはどのようにして通過するのか、また、大軌・参急に比べると出力の小さい伊勢電や関急電鉄、大鉄からの引継ぎ車は青山越えをできるのかどうか、疑問点も多く、せっかくの直通運転も見直しが迫られていたことと思う。

結果として名阪間直通は標準軌で実現するが、近鉄はその後もゲージは同一ながら、電圧や車両限界によるサイズの違いで、1960年代半ばまでは直通運転など困難といわれていた京都〜伊勢間に特急の運転を開始したほか、1970（昭和45）年3月には大阪／名古屋／京都の3方向から、鳥羽線建設や志摩線の改軌により賢島に直通特急を送り込むなど、車両や線路の改良で観光客誘致に大いなる成果をあげている。

こうして技術開発により難題を克服し、列車直通区間の拡大に努めてきた近鉄だが、近未来の新規特急運転区間としては、フリーゲージトレイン（FGT）による京都〜吉野間と、集電方式や電圧が異なる大阪メトロ〜奈良線間が計画されている。

京都〜吉野間は、現状では京都・橿原線が標準軌、吉野線が狭軌であるが故に、直通旅客は橿原神宮前での乗換えを余儀なくされるため、車輪の左右間隔をゲージに合わせて自動的に変化させることができるFGTを製造し、直通運転を実施することで利用客の誘致を狙うのが目的である。FGTについては、最近までJRの山陽・九州新幹線と九州在来線の直通運転を目標に、試作車よる試験運転が行なわれてきたが、技術的に可能であっても新幹線内での速度が抑えられるなど、所定の効果が期待できないことで断念されている。しかし、京都～吉野間では最高速度が１２０㎞／ｈ以下であることや、橿原神宮前駅構内にはゲージ可変設備を設置するスペースが確保されていることで、わが国初のＦＧＴによる特急が運転を開始する日もさほど遠くないものと思われる。

一方、大阪メトロ～奈良線間での直通運転については、２０２５（令和７）年に2度目の大阪万国博が大阪市此花区の夢洲《ゆめしま》で開催されることが決定したことで、大阪メトロ中央線が２０２４年度内にコスモスクエア～夢洲間を延伸開業。それに合わせて近鉄も夢洲～奈良間に特急運転を計画している。大阪メトロ中央線が直流７５０Ｖで第三軌条から、近鉄奈良線は直流１５００Ｖで架線からと、それぞれ電圧や集電方式が異なるが、架線・第三軌条の両方から集電が可能な車両は、日本でもアプト式時代の信越本線碓氷峠区間のＥＤ42形電気機関車が有名であるほか、現代の高速列車としてはイギリス・フランス・ベルギー・オランダの4国を直通する「ユーロスター」での使用実績もあるので、導入もさほど難しいことではない。何れにしても、過去の常識から不可能を可能に変えて、列車運転を拡大してきた近鉄である。今後も技術開発には大いに期待したいものである。

第3章

近鉄の数ある駅のあれこれ

旧国名付き駅、フルネームとそうでない駅

延長距離501・1㎞を誇る近鉄では、さすがに駅の数も多く、鋼索線を含めれば284に達する。その中には近接するJRや他私鉄の同名駅との混同を避けたり、他の地方の同名駅と区別したりする目的で、「近鉄」や旧国名を冠称として使用している駅もかなりの数にのぼる。また、阪神電気鉄道との相互直通が開始された2009（平成21）年3月からは、近鉄難波が大阪難波、上本町が大阪上本町と「大阪」を冠称することで、先輩格の大阪阿部野橋同様〝大阪市内の拠点駅〟の存在を誇示している。

このうち、会社名を冠する駅名は大軌創業時点では同社はもちろんのこと、それより歴史の古い大阪鉄道や吉野鉄道にも見当たらなかった。しかし、奈良電気鉄道や参宮急行電鉄との連絡輸送開始などに伴い、1928（昭和3）年から1940（昭和15）年までに、八尾・山本・高田・八木・永和・小阪・花園・生駒・西大寺・奈良・郡山・田原本の各駅に「大軌」が冠称されるほか、奈良電鉄線の小倉《おぐら》が「奈良電」、参急本線の上津・石橋・中川・中原と松江（松ヶ崎駅開業に伴い1937年に廃止）の5駅が「参急」の冠称付き

「近畿日本」を冠していた当時の近鉄奈良駅。 1968（昭43）.2.1 撮影＝交通新聞社

で開業する。また、少し時代が前後するが、1938（昭和13）年6月に桑名〜名古屋間が関西急行電鉄のもとで開業すると、路線が国鉄関西本線と並行しているせいか、名古屋をはじめ、国鉄線に近い場所にある長島・弥《や》富《とみ》・蟹江・八田の各駅にも頭に「関急」の文字が付けられる。

その後、関西急行電鉄は1940（昭和15）年1月に参急に合併、その参急は翌年3月に大軌と合併し、これを機に大軌は関西急行鉄道に社名を変更。さらに、関西急行鉄道は南海鉄道との戦時合併により、1944（昭和19）年6月に新会社の近畿日本鉄道が発足するなど、会社名は目まぐるしく変化する。

また、近畿日本鉄道の略称は当初「近畿日鉄」

大和川橋梁を行く大阪阿部野橋発河内天美行きだが、行先表示板には「あべの」と「天美」だけが記されている。 1968(昭43).6.3 矢田〜河内天美

だったため、当該の各駅もそうした会社名や略称の変更に振り回されるように、短期間のうちに八尾は大軌八尾↓関急八尾↓近畿日本八尾、名古屋にいたっては関急名古屋↓参急名古屋↓関急名古屋↓近畿日本名古屋と駅名が変わる。関西急行電鉄と関西急行鉄道とは別会社だが、略称がともに「関急」のため、ややこしかった。しかし、「近畿日本」の冠称は長すぎることもあって、利用客から馴染まれないのか、1970（昭和45）年3月になって現在の「近鉄」に落ち着く。この間、河内山本（↑大軌山本）や伊勢中川（↑参急中川）のように、関西急行鉄道への社名変更を機に、冠称が会社名

から旧国名に変更された駅も少なくなかった。

また、1963（昭和38）年10月の奈良電鉄合併の際には、奈良電竹田と奈良電小倉は会社名消滅に伴い竹田と小倉のすっきりした駅名に変更。田原本は開業の古い大和鉄道（のち信貴生駒電鉄）駅が田原本の駅名を名乗り、東側にある後発の畝傍（橿原）線田原本駅は1928（昭和3）年8月に大軌田原本に改称されて以後、会社名の変更のたびに駅名も関急田原本↓近畿日本田原本と、二転三転する。しかし、1964（昭和39）年10月の信貴生駒電鉄合併に際し、橿原線近畿日本田原本が田原本に復帰。近鉄田原本線所属となった旧信貴生駒電鉄駅は、位置関係から西田原本に改称し現在にいたる。

ところで、鉄道会社が駅構内や列車内で、旅客に行き先や着駅などを案内する場合はフルネーム表示が原則だが、こと近鉄では「近鉄」が付く駅名については、わざわざ「近鉄」の文字を付けず省略表記しても差支えないためか、近鉄大阪線沿線に40年以上住む筆者も「近鉄八尾」などといった車内アナウンスは一度も聞いたことがない。1993（平成5）年9月に開業した京都線の近鉄宮津は、同じ京都府内の北近畿タンゴ鉄道（現京都丹後鉄道）に宮津駅があり、旅客の誤乗を未然に防ぐために駅名に「近鉄」が冠される。しかも、同駅に車庫が存在する関係で「京都発近鉄宮津行き急行」も、設定されている。しかし、同列車の行き先幕には「急行・宮津」が表示され、駅のアナウンスも「宮津行き急行が発車します」であり、「近鉄」の名称は完全に省略されている。現在の京都駅JR山陰線ホームからは宮津を経由し、天橋立や久美浜へ直通する特急は運転されているが、JR線上から急行の種別が姿を消して久しい現在では「宮津行き急行」の運転は考えられず、さらに、JR線と近鉄線とはホームや改札も別個のため、間違える人などまずいないだろう。

「大阪」や旧国名の付く駅については、現在の列車内ではどの駅も「次は河内国分、国分です」のように、少なくとも一度目はフルネームで案内されるが、一昔前の2006（平成18）年までは、「次は国分、国分でございます」と、いった具合に旧国名が省略されている駅は過半数を占め、フルネームで呼ばれる駅は少数派だった。筆者が長年の乗車体験をもとに表を作成してみたが、車内放送でフルネーム案内される旧国名駅は河内天美《あまみ》・河内松原・河内長野・大和上市・伊賀神戸・伊勢若松くらいで、他の駅は大阪阿部野橋を含め冠称は省略されていたように思う。現に近鉄の社史本である『最近20年のあゆみ』（1980年刊行）には、近鉄電車内でもよく見かける「近畿日本鉄道路線図」が掲載されているが、旧国名付きで表記されている駅は前述の6駅のほか、現在は養老鉄道になっている養老線の2駅（美濃高田・美濃青柳《やなぎ》）を除けば大和高田だけで、それ以外はすべて

近畿日本鉄道 冠称を持つ駅名一覧

2019(令和1)年6月1日　現在

分類	線名	駅名	現駅名制定日	旅客への駅案内		駅の開設		備考
				現在	2006年以前	年月日	当時の駅名	
会社名	難波	近鉄日本橋	1970(昭45).3.15	日本橋	日本橋	1970(昭45).3.15	近鉄日本橋	
	大阪	近鉄八尾	1970(昭45).3.1	八尾	八尾	1924(大13).10.31	八尾	
	〃	近鉄下田	1970(昭45).3.1	下田	下田	1927(昭2).7.1	下田	
	奈良	近鉄奈良	1970(昭45).3.1	奈良	奈良	1914(大3).7.8	奈良	
	御所	近鉄新庄	1970(昭45).3.1	新庄	新庄	1930(昭5).12.9	南和新庄町	
	〃	近鉄御所	1970(昭45).3.1	御所	御所	1930(昭5).12.9	南和御所町	
	京都	近鉄丹波橋	1970(昭45).3.1	丹波橋	丹波橋	1968(昭43).12.20	近畿日本丹波橋	※①
	〃	近鉄宮津	1993(平5).9.21	宮津	宮津	1993(平5).9.21	近鉄宮津	
	橿原	近鉄郡山	1970(昭45).3.1	郡山	郡山	1921(大10).4.1	郡山	
	名古屋	近鉄四日市	1970(昭45).3.1	四日市	四日市	1929(昭4).1.30	諏訪	※②
	〃	近鉄富田	1970(昭45).3.1	富田	富田	1929(昭4).1.30	西富田	
	〃	近鉄長島	1970(昭45).3.1	長島	長島	1938(昭13).6.26	関急長島	
	〃	近鉄弥富	1970(昭45).3.1	弥富	弥富	1938(昭13).6.26	関急弥富	
	〃	近鉄蟹江	1970(昭45).3.1	蟹江	蟹江	1938(昭13).6.26	関急蟹江	
	〃	近鉄八田	1970(昭45).3.1	八田	八田	1938(昭13).6.26	関急八田	
	〃	近鉄名古屋	1970(昭45).3.1	名古屋	名古屋	1938(昭13).6.26	関急名古屋	
地域名	難波	大阪難波	2009(平21).3.20	大阪難波	(難波)	1970(昭45).3.15	近鉄難波	
	大阪	大阪上本町	2009(平21).3.20	大阪上本町	(上本町)	1914(大3).4.30	上本町	
	南大阪	大阪阿部野橋	1924(大13).6.?	大阪阿部野橋	阿部野橋	1923(大12).4.13	大阪天王寺	※③
旧国名	大阪	河内山本	1941(昭16).3.15 ?	河内山本	山本	1925(大14).9.30	山本	
	〃	河内国分	1941(昭16).3.15 ?	河内国分	国分	1927(昭2).7.1	国分	
	奈良	河内永和	1941(昭16).3.15 ?	河内永和	永和	1938(昭13).2.1	永和	
	〃	河内小阪	1941(昭16).3.15 ?	河内小阪	小阪	1914(大3).4.30	小阪	
	〃	河内花園	1941(昭16).3.15 ?	河内花園	花園	1915(大4).6.15	花園	
	南大阪	河内天美	1933(昭8).4.1	河内天美	河内天美	1923(大12).4.13	天美車庫前	※④
	〃	河内松原	1922(大11).4.19	河内松原	河内松原	1922(大11).4.19	河内松原	
	長野	河内長野	1954(昭29).4.1	河内長野	河内長野	1902(明35).12.12	長野	※⑤
	大阪	大和高田	1941(昭16).3.15 ?	大和高田	高田	1925(大14).3.21	高田	
	〃	大和八木	1941(昭16).3.15 ?	大和八木	八木	1929(昭4).1.5	八木	※①
	〃	大和朝倉	1944(昭19).11.3	大和朝倉	朝倉	1944(昭19).11.3	大和朝倉	
	奈良	大和西大寺	1941(昭16).3.15 ?	大和西大寺	西大寺	1914(大3).4.30	西大寺	
	吉野	大和上市	1928(昭3).3.25	大和上市	大和上市	1928(昭3).3.25	大和上市	
	大阪	伊賀神戸	1930(昭5).10.10	伊賀神戸	伊賀神戸	1930(昭5).10.10	伊賀神戸	
	〃	伊賀上津	1941(昭16).3.15 ?	伊賀上津	上津	1930(昭5).12.20	参急上津	
	大阪	伊勢石橋	1941(昭16).3.15 ?	伊勢石橋	石橋	1930(昭5).11.19	参急石橋	
	〃	伊勢中川	1941(昭16).3.15	伊勢中川	中川	1930(昭5).5.18	参急中川	
	名古屋	伊勢若松	1917(大6).12.22	伊勢若松	伊勢若松	1917(大6).12.22	伊勢若松	
	〃	伊勢朝日	1929(昭4).1.30	伊勢朝日	朝日	1929(昭4).1.30	伊勢朝日	
	湯の山	伊勢松本	1930~1937(昭5~12)頃	伊勢松本	松本	1913(大2).9.24	松本村	
	〃	伊勢川島	1919~1926(大8~15)頃	伊勢川島	川島	1913(大2).6.1	川島村	
	〃	伊勢中原	1941(昭16).3.15	伊勢中原	中原	1930(昭5).5.18	参急中原	
	志摩	志摩赤崎	1949(昭24).7.25	志摩赤崎	赤崎	1949(昭24).7.25	志摩赤崎	
	〃	志摩磯部	1970(昭45).3.1	志摩磯部	磯部	1929(昭4).7.23	迫間	
	〃	志摩横山	1946(昭21).12.?	志摩横山	横山	1929(昭4).7.23	鵜方口	
	〃	志摩神明	1929(昭4).7.23	志摩神明	神明	1929(昭4).7.23	志摩神明	

「新」や方向(東・西・南・北)を示す接頭語を持つ駅は省略
※①　開業年月日は現駅を示す　※②　開業時の諏訪を移転
※③　「阿部野橋」「あべの橋」「あべの」と表示したサボあり　※④　「天美」と表示したサボあり
※⑤　「長野」と表示したサボあり
『最近20年のあゆみ』(1980近畿日本鉄道)、『日本鉄道旅行地図帳　8号・関西1』(新潮社)をもとに作成

小阪・西大寺など本体だけでの表記である。大和高田の場合は美濃高田と区別するため、「路線図」では旧国名を付ける必要性があったのではないかと思う。

こうなれば、フルネーム案内の6駅は当時でもなぜそうした扱いがされていたのか、調べてみると、河内松原・大和上市・伊賀神戸・伊勢若松は開業時から旧国名付き。河内天美は1933（昭和8）年4月までは天美車庫前だったが、駅名改称の際、長野（当時）から先の南海高野線に同音駅名の天見があるので、区別するため「河内天美」と命名したものと思われる。河内長野は南海高野線との共同使用駅で開業時の駅名は長野だったが、1954（昭和29）年4月に広域合併で南河内郡長野町などが河内長野市に昇格したため、駅名も市名の河内長野に改称される。しかし、電車のサボに4文字だと行き先が分かりにくいのか、「長野」とだけ表記されることがあり、これは行き先幕による表示になってからも最近まで見られた。

このように、2006（平成18）年以前からフルネーム表示の駅は、元来から旧国名付きであり、利用客の間でも定着しているので、無理に省略せず、そのままで使われたものと思われるが、後発の国名駅や会社表示の駅は、冠称がなくても利用客には分かることから、2006年まで省略のままで案内されたものと思われる。

営業距離が大和八木駅と同一の八木西口駅と2つの短絡線

交通新聞社発行の『JR時刻表』の［京阪神近郊電車］ページや、『近鉄時刻表』の京都・橿原線ページの駅名欄を見ると、八木西口駅の営業キロ数は下りでは（55・1）、上り（『近鉄時刻表』のみ）では（3・3）と、カッコ書きで京都方隣駅の大和八木と同一の数字が記載されている。しかし、両「時刻表」の索引用路線図では、八木西口は他の駅と変わらぬ形で表記されており、『近鉄時刻表』では橿原線所属を示すB40の駅ナンバリングも記載されている。実際に現地を訪れると、八木西口は地下に駅舎と改札口、地上には相対式2面2線のホームを有し、急行も停車するなど、どう見ても〝ふつうの駅〟である。ホーム北側に立って京都方向を眺めると、橿原線も、同駅で分岐する大阪線との短絡線（通称〝八木短絡線〟）の両方ともカーブしているうえに、住宅も密集しているため、隣の大和八木駅や盛土高架の大阪線の姿は確認できないが、列車のスピードなどから大和八木駅は至近距離にあることが分かるし、線路沿

営業キロ	円	京都
		≈
55.1	880	大和八木
(55.1)	880	八木西口

『JR時刻表』2019年9月号より（交通新聞社刊）

いに道路を歩いても10分以内に楽々到着できる。

このような八木西口駅だが、どうして独立したキロ程が制定されていないのだろうか。それは、近鉄では八木西口は独立した一つの駅ではなく、大和八木駅の構内、つまり、同駅の一部分として扱われているからである。

こうした状況が発生したのは、大和八木駅付近における鉄道の発達史が大きく関係しているので、線路地図を示しながら説明していこう。なお、駅名については現在にいたるまで幾度かの変更があるので、本項ではここから先は当時のものを、また、大軌桜井線については部分開業との関係でこちらも何回かの線名変遷を見るが、一括して桜井線で示すこととする。さて、近鉄の前身である大軌で奈良線に次いで畝傍線が開通したのは１９２３（大正12）年３月21日のことだが、その際、八木駅は現在の八木西口付近に設置される（路線図の①）。当地ではすでに国鉄桜井線が開通していたため、同線の畝傍駅に近い位置に八木駅を設けることで、乗換えの便宜を図ったわけである。この畝傍駅には、翌年12月に吉野鉄道が吉野から橿原神宮前経由で乗入れるが、この路線については次項で触れるので、これ以後の記述は割愛する。

さて、奈良線に次いで畝傍線を全通させた大軌は、神都・伊勢を目指し足代《あじろ》（現布施）

大和八木駅付近の線路の変遷

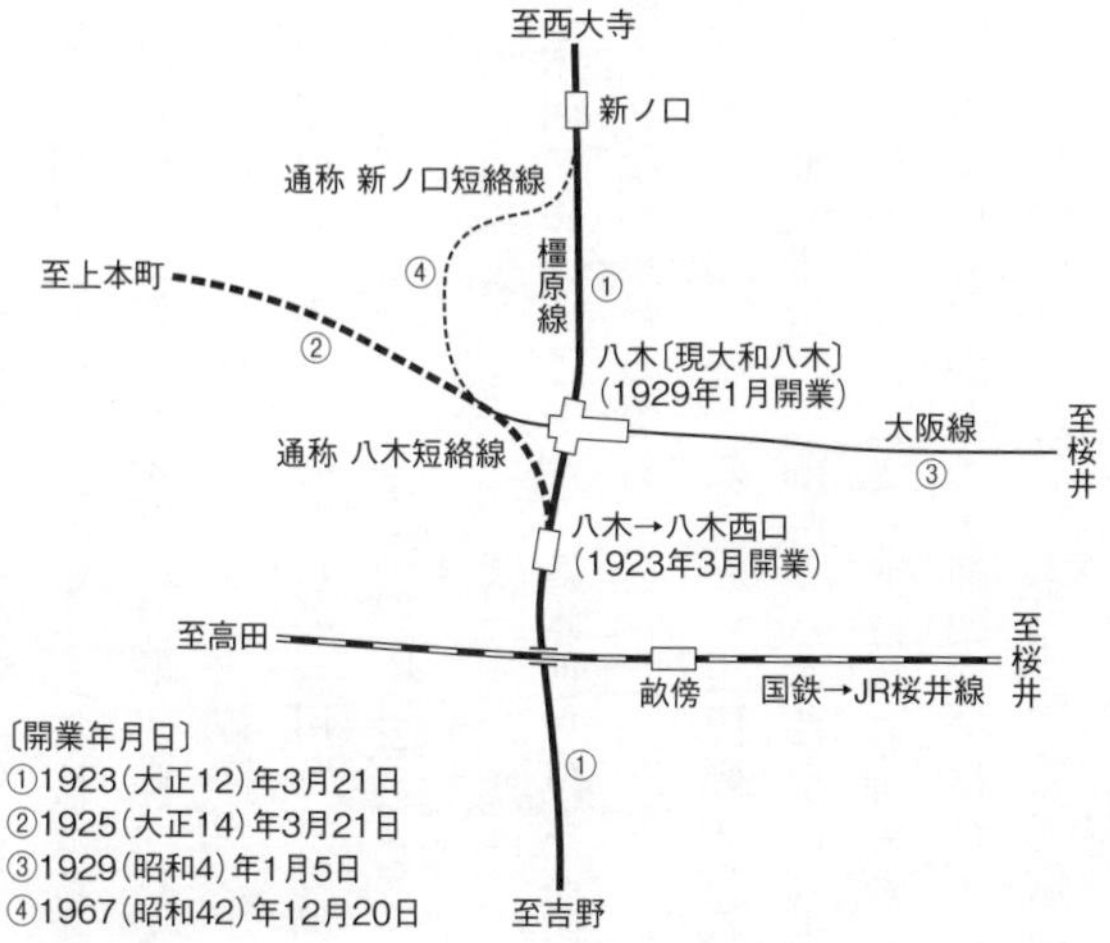

～桜井間の桜井線の建設に乗り出すが、第１期工事は足代方と八木方の双方から開始され、このうち、八木～高田間は１９２５（大正14）年３月21日に開業（路線図の②）。これにより八木は桜井線との分岐駅になり、桜井線の足代～八木間全通の１９２７（昭和２）年７月以後は、上本町～橿原神宮前間で従来の西大寺経由に加え、八木経由の直通列車も運転された。

その後、桜井線は１９２９（昭和４）年１月５日に目的地である桜井まで延伸されるが、列車の伊勢への直通を考慮し、真菅《ますが》～耳成《みみなし》間は直線に近いルートが採られる。このため八木駅は

400mほど北に移転し、畝傍線との立体交差部分に畝傍線が地平、桜井線は高架線上にそれぞれ相対式2面2線のホームを持つ新駅として開業する。この際、(旧)八木駅については真菅~(新)八木間に分岐点を設けて桜井線からの乗入れを維持するとともに、駅名も八木西口に改称して存続(路線図の③)する。しかし、八木西口駅は(新)八木駅と距離が短いことや、従来からの利用客の既得権を守るため、正式な駅ではなく(新)八木駅の構内、つまり、「八木駅の西口」としての扱いになり、キロ程は(新)八木と同一とされる。(新)八木駅が開業しても上本町~橿原神宮前間列車は同駅を経由せず、そのまま八木西口に入ることや、八木西口は八木町の市街地に近いこともあって、廃止するわけにはいかなかったのである。

時代が下って戦後になると、大阪線から八木短絡線(かつての本線)を渡って八木西口に入る定期列車は、上本町~八木西口間の準急だけで、それもごくわずかな本数だけとなる。そのほか、季節によっては橿原神宮参詣や吉野方面への林間学舎などを目的とする、大阪から橿原神宮駅への直通臨時団体列車が運転される。この場合大阪線は直流1500V、橿原線は同600Vと、電圧は異なるので、20100系「あおぞら」は複電圧で対処。2200系など他の形式はスピードダウンとなるが、八木西口~橿原神宮駅間は平坦路線であるため、さほど影響はなかった。なお、当初は本線だったため、複線で開通した八木短絡線は列車本数の減少に伴い、単線化された。

1966（昭和41）年12月には京都～宇治山田間の直通特急が運転を開始する。電圧はもちろん、車両限界も異なる両区間を走行するため、複電圧対応で狭幅車体の18200系がその任に就くが、橿原線西大寺方から大阪線に入るには、いったん八木西口まで進み、同駅でスイッチバックして短絡線に入線。ここで電圧の切替えを実施したあと、大阪線に入って真菅方の本線上で停車。再びスイッチバックを行なって大和八木駅大阪線ホームに進入する方式が採られた。この間、大和八木では橿原線と大阪線の両方のホームに停車。さらに、八木西口でも運転停車するので、〃大和八木駅構内〃では通過に約10分の時間を要した。こうした、2度のスイッチバックによる本線上での停車と時間的ロスを解消するため、翌年12月には橿原線新ノ口と大阪線大和八木を結ぶ単線の通称〃新ノ口短絡線〃が開業（路線図の④）し、京都～伊勢間特急の運転もスムーズなものになる。同時に大和八木駅大阪線ホームも、追い越しや大阪方からの折り返し運転が可能な島式2面4線に改良される。しかし、従来の八木短絡線を使用した上本町～八木西口間準急は、準急の行き先表示板の地色がそれまでの赤から緑に変更された1973（昭和48）年頃まで運転されていた。当時の八木西口駅ホームは相対式と島式の2面3線で、大阪線からの直通列車は短絡線寄りの島式外側の3番線に発着していたのである。

新ノ口短絡線の新設や八木西口発着準急の廃止に伴い、八木短絡線の存在意義は薄れるが、前述のような臨時団体列車の設定があるほか、1982（昭和57）年10月の五位堂《ごいどう》検修車庫竣工後、1067㎜ゲージの南大阪線車両は、橿原神宮前駅構内で標準軌用の仮台車に履き替え、編成の両端を狭軌用台車の運搬を兼ねた電動貨車モト90形（97・98）に挟まれた形で検修車庫に入出場するので、その回送線として重宝にされる。

大和八木～八木西口間については、前述のようにキロ程の設定はないが、あえて両駅相互間を乗車する場合には最低運賃である150円が徴収される。これは両駅の運賃案内板に路線図とともに表示されており、それを見る限りでは完全に〝別個の駅〟である。

線路・駅名・ゲージとも複雑な変遷を極める橿原神宮周辺

近鉄は1910（明治43）年10月に創設された大阪電気軌道（以下、大軌）を母体として、周辺の幾多の私鉄を合併して大発展を遂げた電鉄会社であるので、1世紀以上にわたる路線変遷の歴史はファンにとって興味深い。その中で最も複雑なのは、大軌・大阪鉄道（2代）・吉野鉄道、それに国鉄桜井線が絡む現橿原神宮前駅周辺であろう。大軌以外は1067㎜ゲージ鉄道であることや、会社ごとの思惑の違い、それに橿原神宮境内及びその周辺の整備拡大などが絡み、線路の付け替えや中心駅の移転、駅名改称など、現在にいたるまで数奇な歴史をたどっている。この変遷を筆者が一方的に記述するだけでは、読者の方にとって理解しにくいフシもあるかと思われるので、路線図をご覧いただきながら話を進めることにする。また、橿原神宮前駅から3㎞ほど北の大和八木駅周辺も、負けず劣らず鉄道路線の変遷が激しい地域だが、輸送の流れからは共通でない面も存在するので、それについては前項を参照されたい。

さて、本項の〝主役〟であり、複数の鉄道会社を引き寄せた橿原神宮は、大和三山の一

橿原神宮駅付近の線路の変遷①　1893（明治26）年〜1930（昭和5）年

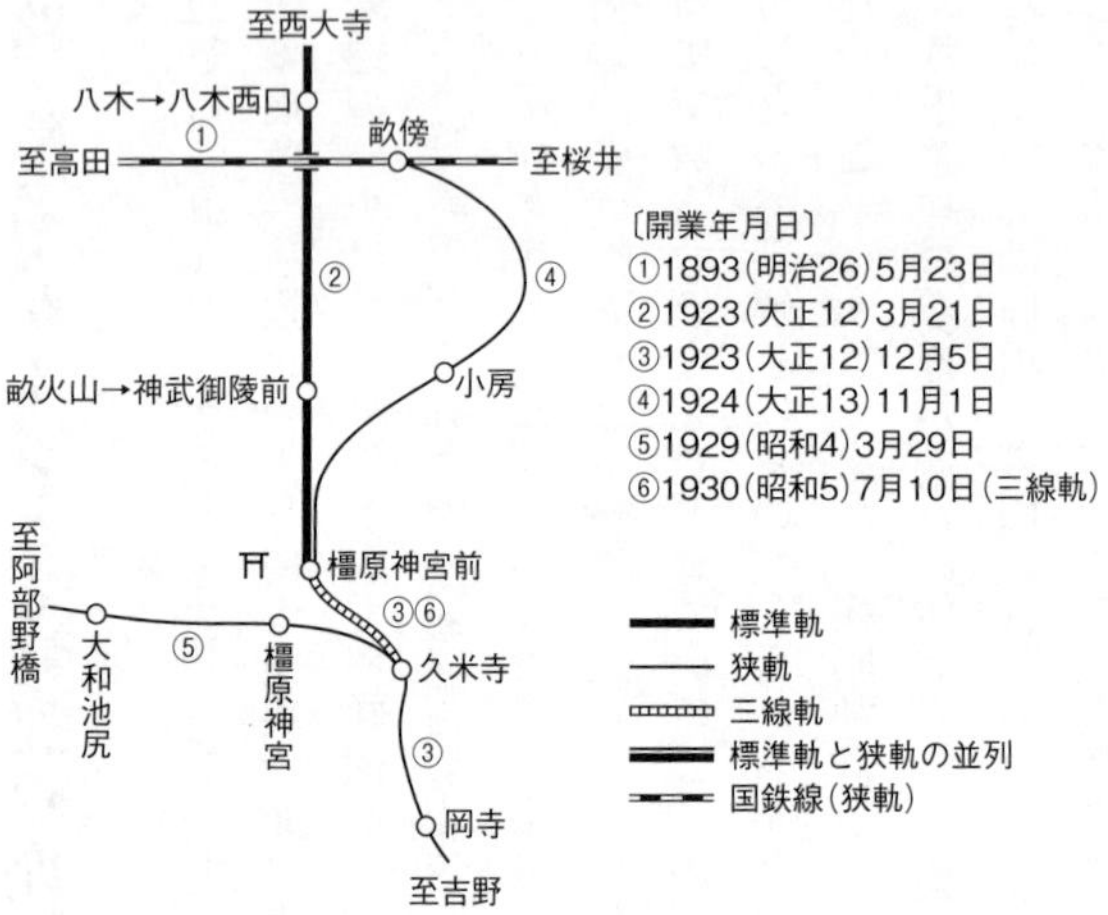

つとして知られる畝《うね》傍山《びやま》の麓に鎮座し、初代天皇といわれる神話上の人物・神武天皇を祀ることで、現在でも皇族の参拝で話題になるほか、初詣や2月11日の「建国記念の日」、4月の「春の神武祭」には多くの参拝客が訪れ、賑わいを見せている。

この橿原神宮周辺に鉄道が進出するのは、120年以上も前の1893（明治26）年5月のことで、この時点で大阪鉄道（初代、P141参照）の支線というべき、王寺〜高田〜桜井間が開通。現在の八木西口駅東方に畝傍駅が開業する。その6年後の1899（明治32）年10月には奈良鉄道の奈良〜桜井間も全通し、奈良盆地の循環鉄道が形成される。この両鉄道は関西《かんせい》鉄道に合併の後、1907（明治40）年10月に国有化され、その2年後に奈良～桜井～高田間は国鉄桜井線になる。だが、その桜井線は奈良・大阪から奈良盆地南部の集落への連絡が主目的の鉄道であり、橿原神宮の創建も桜井線敷設直前の1890（明治23）年ということもあって、参拝客への配慮はこれといってなされなかった。そのため、神宮への参詣には畝傍で下車後、約3kmの道を歩くか、人力車を利用するかしかなかった（路線図の①）。

畝傍駅開業から30年を経た1923（大正12）年3月21日、大軌畝傍線西大寺～橿原神宮前間が全通。橿原神宮前駅は神宮社殿にほど近い場所にあり、まさに名は体を表すにぴったりの駅名であった（路線図の②）。また、八木～橿原神宮前間には畝火山《うねびやま》（のち畝傍山→神武御陵前に変更）駅が設置される。

このように待望の橿原神宮進出を果たした大軌だが、同年12月5日に吉野口～吉野（現六田）間に路線を持つ吉野鉄道が北進し、橿原神宮前駅に乗り入れる（路線図の③）。その吉野鉄道は翌年11月1日には畝傍まで線路を延長。国鉄からの橿原神宮参拝客誘致と貨物列車の畝傍乗入れが目的だった（路線図の④）。吉野鉄道はさらに1928（昭和3）年3月に下り方の六田～吉野（現駅）間を開通させ、吉野山直下に達するとともに、桜の季節には花見客輸送を独占する。同年、吉野鉄道では畝傍～橿原神宮前間に小房《おふさ》駅が設置される。大軌は標準軌、吉野鉄道は狭軌とゲージの違いで、上本町～西大寺～吉野間での直通運転はできないが、橿原神宮前は両社相互間の乗換え駅としても賑わった。この時点での橿原神宮前は、全国のどこにでも見られるような分岐駅だった。

その橿原神宮駅周辺の鉄道地図が賑やかになるのは、1年後の1929（昭和4）年3月29日のことである。当時大阪阿部野橋～長野間などに路線を有していた大阪鉄道（2代、以下、大鉄）は、大和延長線として同日に古市～久米寺間を一気に開通させる。大鉄の終点である久米寺は吉野鉄道橿原神宮前～岡寺間の中間駅だが、橿原神宮前からはわずか500mほどの至近距離だった。それにもかかわらず、大鉄が橿原神宮前の吉野鉄道線ホームに乗入れなかったのは、橿原神宮の神域や地形との関係で建設が難しいこともあるが、強行したところで、阿部野橋～吉野間直通列車は同駅でのスイッチバック運転を避けられないことが最大の理由だった。そこで、ゲージや電化方式が同一である吉野鉄道との相互直通がスムーズになる久米寺に駅を設けたのである（路線図の⑤）。また、大鉄は久米寺開業に際し、橿原神宮境内の南側に神宮参拝客向けの「橿原神宮」駅を開業させているので、久米寺はあくまでも大鉄と吉野鉄道との接続駅という位置付けだった。ともあれ、こ

神武天皇即位2600年を祝って建設された神明造りの堂々たる駅舎は、今も古さを感じさせない。 1995(平7).11.23

れにより橿原神宮周辺にはわずか500m離れた場所に、大軌と吉野鉄道の橿原神宮前、大鉄と吉野鉄道の久米寺の2つのターミナル駅が出来上がる。

この久米寺駅開業により、最も打撃を受けたのは大軌である。元来、橿原神宮境内周辺は標準軌鉄道だけだったのが、狭軌の吉野鉄道と大鉄が進出したことで、標準軌の大軌だけが異端児的存在となってしまったからである。大鉄の久米寺開業より少し前の1927（昭和2）年7月1日に大軌桜井線が八木まで開通し、上本町～橿原神宮前間を八木経由での直通運転を開始しているので、大鉄が進出してきたところで、大阪市内から橿原神

橿原神宮駅付近の線路の変遷 ②　1939(昭和14)年7月28日当時

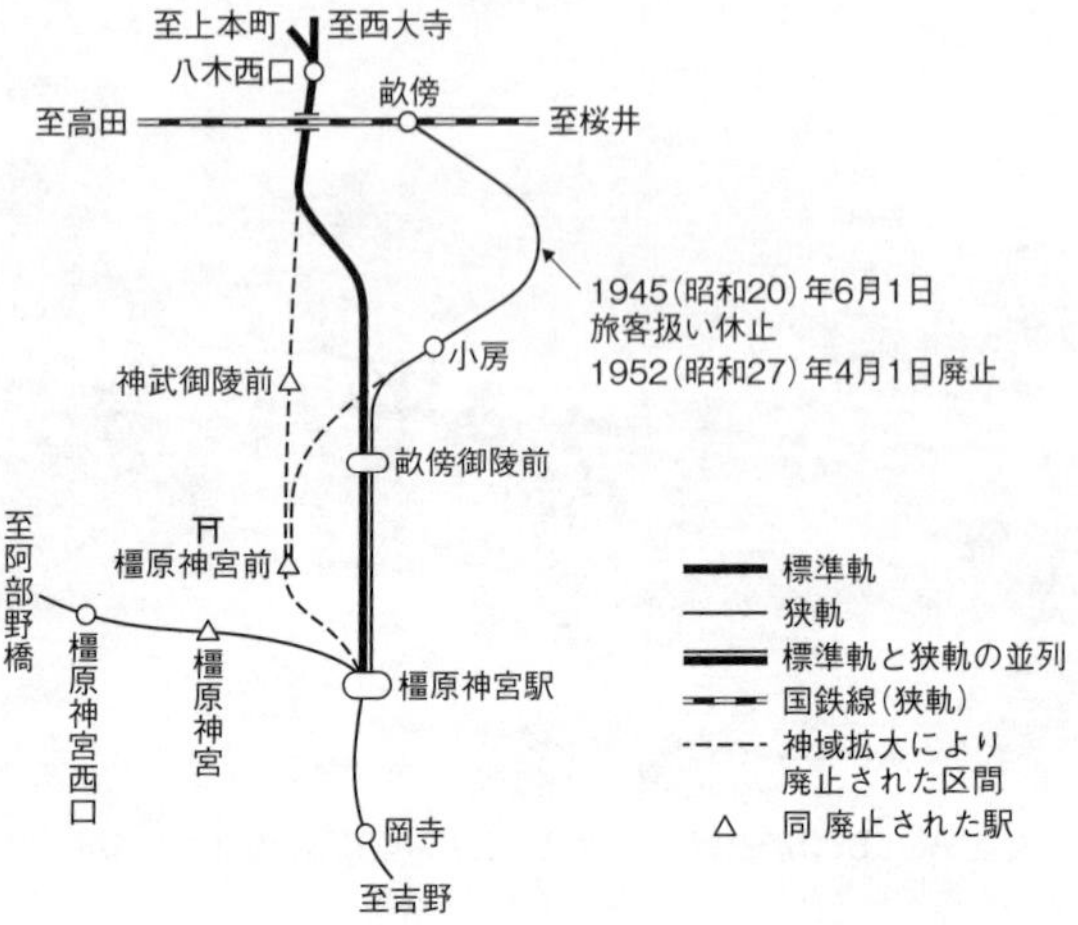

宮への参拝客輸送に関しては大軌の方が優位に立っていたが、大阪市内〜吉野間となると、列車が阿部野橋から直通運転を行なう大鉄〜吉野鉄道には歯が立たなかった。上本町〜吉野間を大軌利用で旅行する場合、橿原神宮前から次駅久米寺へは、吉野鉄道の畝傍〜久米寺間の区間列車に、久米寺では阿部野橋からの列車にと、2度の乗換えを強いられるのが理由だった。

そこで、大軌は1929(昭和4)年8月1日に吉野鉄道を合併。畝傍〜吉野間は大軌吉野線となる。さらに大軌は翌年7月10日に吉野線の橿原神宮前〜久米寺間を、狭軌と標準軌との三

橿原神宮駅竣工時における構内配線図
1939(昭和14)年7月28日当時

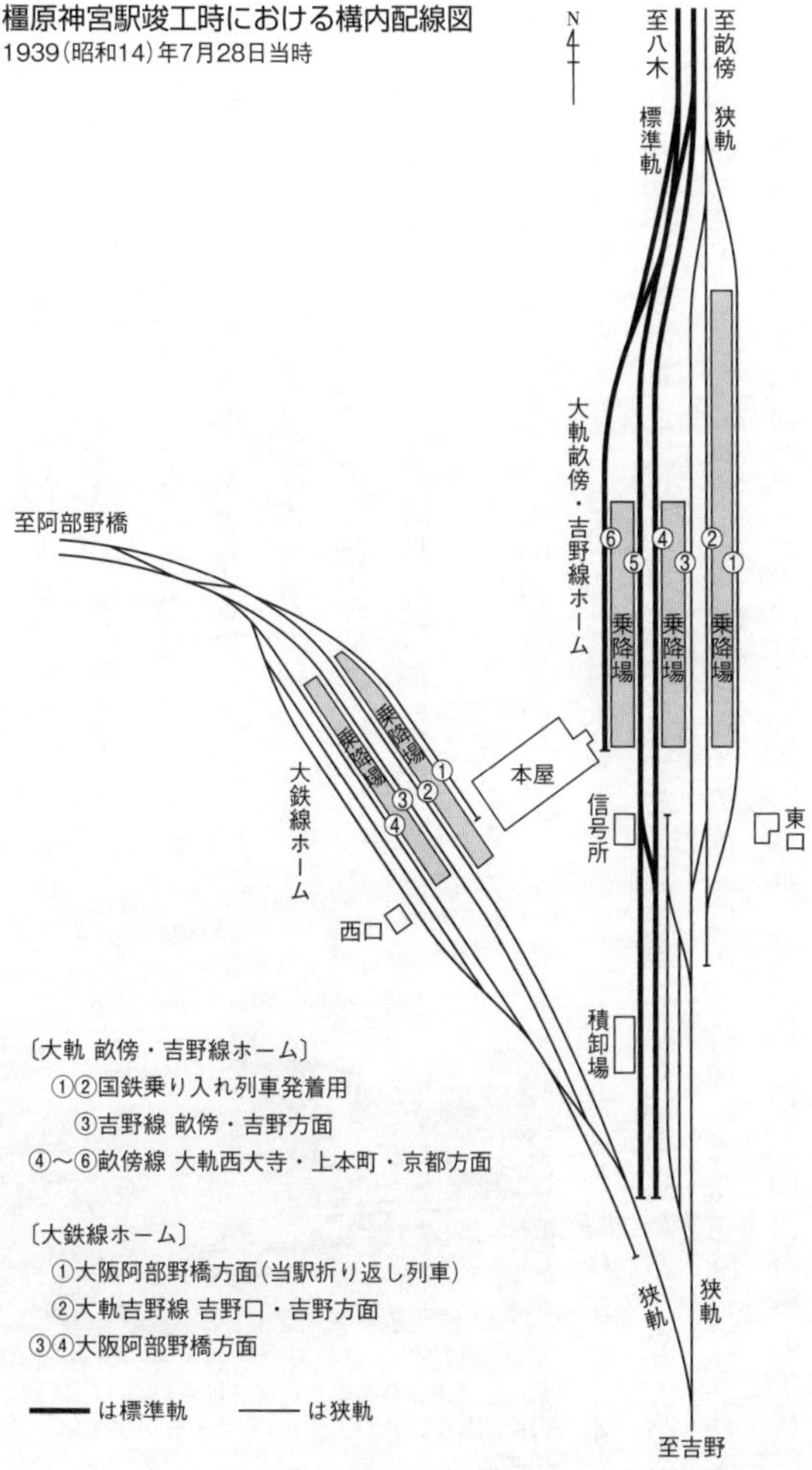

線軌に改修し（路線図の⑥）、畝傍線列車の久米寺延長を可能する。これにより、大軌沿線から吉野へは列車の選定によっては、1度の乗換えだけで旅行できるようになった。大軌は600V、吉野線は1500Vで電圧が異なるが、車両の複電圧改造や駅に電圧昇降設備設置といった記録は残されていないので、橿原神宮前〜久米寺間の三線軌区間は600Vに降圧して運転が行なわれたものと思われる。

橿原神宮周辺での2ターミナル問題もこの三線軌化で落ち着き、その後、しばらくは大軌と大鉄との共存共栄の時代が続くが、1940（昭和15）年は神武天皇即位を元年とすると紀元2600年に当たるため、政府は国威発揚の一環として橿原神宮と神武天皇陵の整備のほか、神域の拡張を強行。これにより従来の神域のすぐ東側に接する集落は移転を迫られ、大軌畝傍線と同吉野線の小房以南の線路も従前より300m東に移設される。そして、これを機に橿原神宮前と久米寺、

右は2番線に停車中の大和西大寺行き普通8000系、左は通称0番線（実際には番線なし）に留置中の南大阪線用6000系。1995（平7）.11.23　橿原神宮前

それに大鉄の橿原神宮の3駅が統合される形で、久米寺とその東側一帯に神明造の壮大な「橿原神宮駅」が新設され、1939（昭和14）年7月28日から営業が開始される。さらに関西急行鉄道発足時の1941（昭和16）年3月15日、大軌畝傍線は橿原線に改称。吉野線の畝傍～橿原神宮駅間も小房線に改称される。これら一連の動きにおける橿原神宮周辺での新旧線路の位置関係を2つの図に示した。

この「駅」が駅名の末尾に付く橿原神宮駅は、大鉄と大軌との共同使用駅とされるが、ホームについては会社別に分離され、大鉄側は従前の久米寺駅部分に2面4線、一方、大軌側は3面6線で、本屋側に近い⑥～④番線は標準軌の橿原線用、③番線は狭軌の小房・吉野線なので、④・③番線はホームの片側ずつに標準軌と狭軌のレールが並ぶという珍しい線路配置だった。そして、残る②・①番線は紀元2600年大輸送に際し、全国からやってくる国鉄からの乗入れ列車用としてホームも長く造られているのが特徴で、実際に8620形蒸気機関車牽引列車が入線した記録も残されている。このうちの②番線からは吉野方面への進入も可能だが、戦時体制下にあっては花見のための臨時列車運転などは当然ながらご法度だった。この橿原神宮駅構内配線図に示した。

その後、戦争の激化に伴う統制令強化による合併で、大軌は関西急行鉄道（以下、関急）

に会社名を変更。さらに、1943（昭和18）年2月1日には大鉄が関急に合併されたことで、橿原神宮駅は関急の単独駅に、そして、関急は1944（昭和19）年6月、現在の南海電気鉄道との合併で、近畿日本鉄道の社名になり、旧大鉄の阿部野橋〜橿原神宮駅間は、近鉄南大阪線として再出発する。

橿原神宮駅については、大戦末期の1945（昭和20）年6月1日に小房線が旅客営業を休止。戦後も貨物輸送は継続されるが、それも1952（昭和27）年4月に廃止される。また、橿原神宮駅の駅名も大阪万国博輸送開始の1970（昭和45）年3月1日に「橿原神宮前」に改称され、大軌時代の駅名が復活している。

紀元2600年大輸送だけの用途に終わった同駅の旧①②番線ホームは撤去され、現在その部分は南大阪線用電車が、五位堂検修車庫に出入りするための標準軌台車取替えの作業場として機能している。また、小房・吉野線用だった旧③番線は番線を失っているが、橿原線部分の狭軌線ホームとして残され、現在も橿原神宮前〜吉野間の臨時列車運転や、南大阪線電車の留置などに活用されている。ホームの番線は、橿原線は当初とは逆に本屋側から①〜③番線、南大阪線は本屋側（吉野方面行き）から④〜⑦番線になるが、ホームや線路配置など、基本的な部分は80年前の駅開業当時の姿を今に伝えている。

伊勢中川駅の〝中1線の島式ホーム〟は名古屋線狭軌時代の名残

伊勢中川駅は、大阪・名古屋・山田の3幹線がY字形に合流する運転上での重要駅だが、それよりも目を引くのは5面のホームのうち、4面が島式で、それもターミナル駅の上本町や阿部野橋、名古屋のように、線路の両側にホームが配置されていることである。

中川が行き止り駅でないにもかかわらず、このように特異な中1線の島式ホームが採用されたのは、同駅の生い立ちや地形的要因、それに運転上の理由とも大いに関わっている。

その中川が参急中川の駅名で開業したのは、1930（昭和5）年5月18日のことで、当時の参宮急行の路線は本線の桜井～榛原間と、津支線を含む久居～外宮前（現宮町）間だけで、本線では同年度末の桜井～宇治山田間全通に向け、急ピッチで建設工事が進められていた。この時点で中川は鉄道地図上では、飛び地路線の中間駅に過ぎなかったが、参急本線全通時には津支線との分岐駅になることが建設時から決定していた。津支線も近い将来、伊勢電鉄との連携輸送で、大阪・伊勢と名古屋を結ぶ幹線の一部になることは想像に難くなかった。

名古屋線改軌前の伊勢中川駅配線図

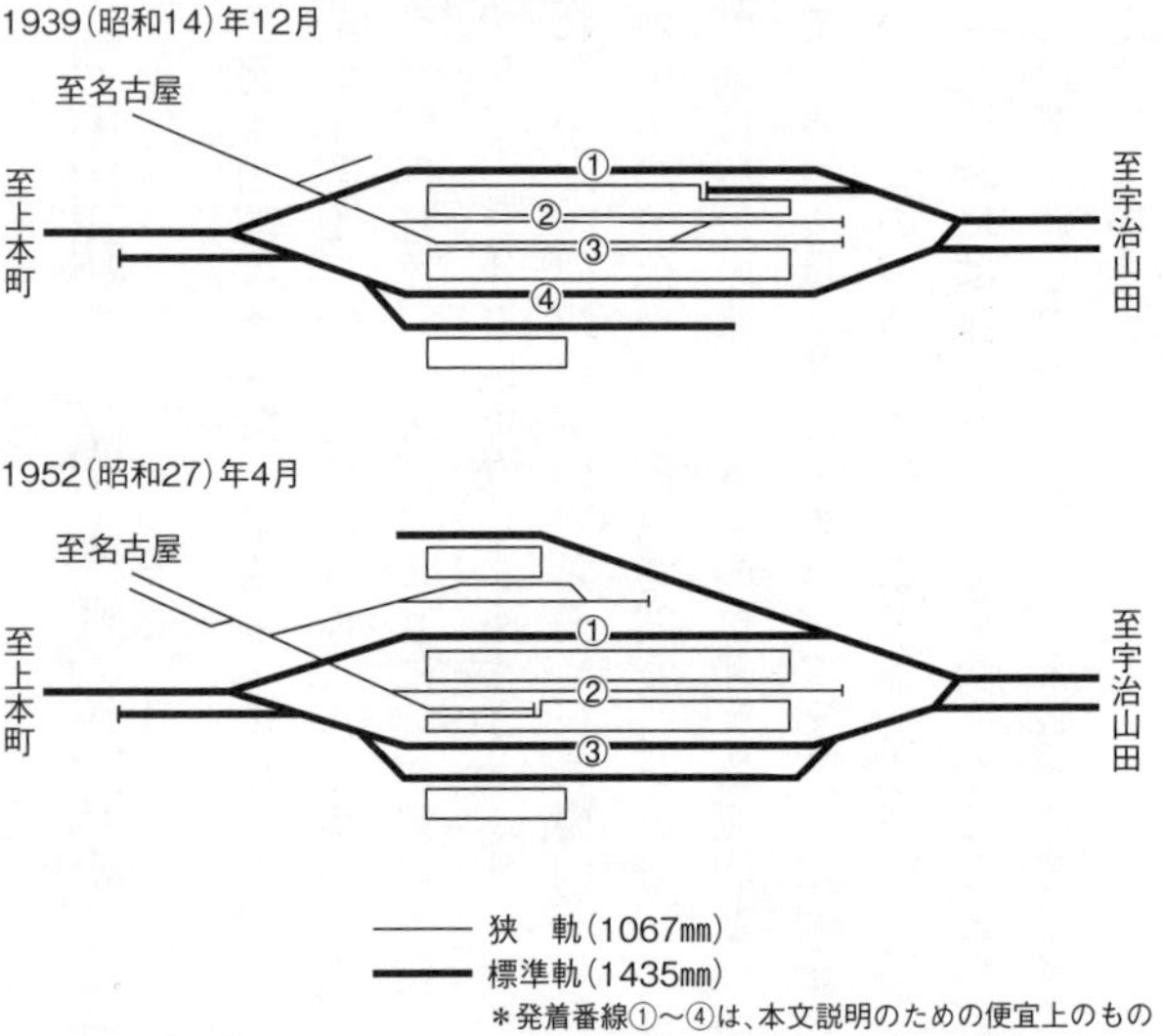

中川駅構内は同駅開業時から、大軌・参急・関西急行電鉄3社の江戸橋乗換えによる名阪間輸送開始直後まではすべて標準軌で、ホームと配線については124ページの京阪丹波橋に見られる緩急結合駅や幹線同士の分岐駅のような、2つの島式ホームの間に2線を設けた2面4線の構造であったと推察できるが、名阪間輸送の円滑化を図るため、参急津線中川～江戸橋間が1067㎜にゲージに改軌された1938(昭和13)年12月6日からは、図のように変更される。そして、島式2面4線

の外側線が大阪〜宇治山田間急行（宇治急）用、内側線が津線から名古屋伊勢本線に入る中川〜名古屋間急行用とされる。

説明の便宜を図るため、急行列車用ホームに番線をつけると、①番線が参急本線下り・宇治山田方面行き、②・③番線が津線・名古屋方面行き、④番線は参急本線上り・大阪方面行きとされ、標準軌である①・④番線が狭軌の②・③番線を取り込むような配線になっていた。そして、①・④番線に発着する宇治急が、②・③番線の中川〜名古屋間急行に同時接続が可能な形態をとっていた。参急本線は津線に比べると、列車本数が多いこともあり、本線の区間（普通）列車は大阪方面行きが④番線外側の片面ホームを、山田方面行きは①番線を切り欠いた専用ホームに発着していた。

時代が少し下り、大軌・参急・関西急行電鉄の3社が関西急行鉄道を経て近畿日本鉄道になり、敗戦による混乱も続く中、国鉄や他私鉄に先がけ1947（昭和22）年10月8日、大阪〜名古屋間に2往復の有料特急運転を開始する。当然ながら中川での乗換えが発生するが、大阪・名古屋両方向からの列車乗換えを円滑化にし、時間を短縮するため、この改正を機に2面の島式ホームは幅を拡張。それと伴いホーム間は1線化されたものと考えられる。図には1951（昭和26）年の配線図も示したが、名古屋線ホームに切欠きの部分が存在するのは、1線化のままでは線路容量が低下する名古屋線普通列車の発着用に2両分だけを2線で残し、本数確保に充てるのが目的だった。

さて、運転開始当時の中川駅における大阪～名古屋間有料特急の運転シーンを再現すると、上本町と名古屋からの列車はほぼ同時刻に中川駅の①番線と②番線に到着。さらに③番線には明星車庫から回送された上本町行き特急があらかじめ待機する。そして①番線から②番線へ、②番線から③番線への旅客の乗換えが済むと、③番線列車は大阪に向かって発車、②番線列車はそのまま名古屋まで折り返し、①番線の列車は明星へ回送される。車両は大阪線用がモ2227形とサ3000形、名古屋線用はモ6301形とク6471形で、3両を基本に多客期には1～2両を増結。この利用客の多少により編成を増減する運転方式は以後70年以上を経た現在にも受け継がれ、近鉄特急のウリのひとつともなっている。当時は車両や線路・施設の復旧が十分でないため、名阪間は乗換え時間を含めると4時間3分を要していた。

このように設定当初の近鉄特急は、実際には上本町～中川間と中川～名古屋間の2列車で運転されたが、大阪・名古屋の双方から伊勢方面への利用の要望も出されていたため、1948（昭和23）年7月18日から上本町～中川間特急を宇治山田まで延長。上下列車とも中川で名古屋線特急に接続するダイヤになり、ここに大阪・名古屋・伊勢各相互間を結ぶ特急ネットワークができあがる。中川駅では①番線に宇治山田行き、②番線に折り返しの名古屋行き、③番線に上本町行きの各特急がほぼ同時刻に到着し、乗換え客の整然とした乗降を見届け、数分後に発車していくシーンが出来上がった。

以後の近鉄特急は列車の増発とともにスピードアップが実施されるほか、車両も名古屋線は1950（昭和25）年から6401系、大阪線は1953（昭和28）年から2250系といった特急専用車が投入され、サービス面での充実が図られる。そして列車編成の最大6両化に伴い、名古屋線用ホームの切れ欠き部分は撤去される。このあたりの列車や車両の変遷を細かく記すと、膨大なページを要するので割愛させていただくが、要は名阪間が標準軌と狭軌の併用時代は、大阪・山田線特急と名古屋線特急の計3本の列車が、中川で相互接続する原則だけは守られた。

名阪間のゲージ統一が間近に迫った1959（昭和34）年4月当時、名阪特急は9往復のうち7往復で大阪・名古屋・伊勢間での相互接続運転が実施され、大阪・山田線特急用にはビスタカー10000系も就役していた。名古屋（中川・宇治山田）行きのうち上本町発午前便は「すずか」、午後便は「あつた」、上本町行きは名古屋発午前便が「かつらぎ」、午後便は「なにわ」の列車名が付けられ、特に2250系や6421系などの旧性能車では朱色を基調とした円形のネーム入りヘッドマークが、車体下部のダークブルーとよくマッチし、特急列車にふさわしいオーラを漂わせていた。

こうした中川駅だが、名阪間ゲージ統一後はスイッチバック解消によるスピードアップのため、構内に大阪線と名古屋線を直結する急カーブの短絡線が建設されたことで、中川駅ホームに立ち寄る名阪直通特急は大幅削減から廃止の道をたどるが、その後の伊勢方面行き列車増発でホームは現在のような5面6線に拡大されるほか、大阪〜伊勢、名古屋〜伊勢間の特急や急行では、相変わらず中1線の島式ホームの特性を活かした列車接続が実施され、利用客の間で好評を博している。近年では大和西大寺のほか、南海電鉄泉佐野や阪神電鉄尼崎の各駅でも乗換え客の利便性向上のため、こうした形態のホームが採用されているが、伊勢中川駅のホーム配置はその先鞭をつけたものといえよう。

中川短絡線を行く名阪特急12200系 2連。大阪線・名古屋線・短絡線がデルタをなす中央部からの撮影。1969（昭44）.11.14　伊勢中川

第4章 近鉄の営業サービス史・アラカルト

「ビスタカー」は近鉄特急の象徴的存在

戦後も1950年代になり、日本の産業復興も加速化すると、国民の生活水準も日中戦争前を凌ぐまでに回復する。鉄道界も新車投入による列車増発が行なわれ、特に国鉄と並走する私鉄は、国鉄では2等車（現グリーン車）に匹敵する設備を持つ特急車を世に送る。近鉄の2250系などもその一員だが、関東では私鉄として初のリクライニングシートを導入し、車内にテレビを設置した京成電鉄1600系や、1957（昭和32）年に狭軌では世界最速の145km／hを樹立した小田急電鉄の3000形SE車が目を引いた。

そうした関東私鉄の特急車からすれば、2250系は端正かつ玄人受けするスタイルを持つ車両であっても今一つ地味な印象は免れなかったが、近鉄では当時すでに〝ドームカー〟の構想が練られており、それにより1958（昭和33）年にビスタカーI世10000系が登場する。アメリカの大陸横断列車を思わせる高運転台車を先頭とする7両編成中、中間の3両が無動力の連接車で、うち③・⑤号車に1列＋2列の2階展望室が設けられるが、架線との関わりで高さ制限があり、設計には苦心が払われた。目玉商品で

公開された10000系③・⑤号車の2階展望室。1958(昭和33).6.13
撮影＝交通新聞社

ある展望室は座席を外側に10度傾け、車窓からの眺望に配慮されるが、背摺りが低く長時間乗車には適さないのが玉に瑕《きず》だった。そのせいか、名阪間のゲージ統一後も主要駅停車の大阪～伊勢間特急に限定使用され、名古屋駅に入ることはなかった。さらに、特急券の発売がコンピュータ化された１９７０（昭和45）年からは、座席配置や定員との関係で③～⑤号車がその対象から外されたため、以後は臨時特急などの運転が主体になり、１９７１（昭和46）年に廃車されてしまった。

　この１００００系は試作的色彩の濃い車両だが、２階建て車体はもちろんのこと、当初から冷房完備で固定式の大窓の採用は、以後の国・私鉄の特急車に大きな影響を与えたことは高く評価されよう。

そして、翌年からは10000系の改良形式といえる10100系ビスタカーⅡ世が量産される。それまでの近鉄技術陣の総決算ともいえる車両で、先頭車を電動車、中間車を2階建て構造とする3車体の連接車となり、座席は2階部分が平屋の先頭車と変わらない回転クロスシート、階下部分はサービス設備が集約されてスペースが限られるため、家族連れやグループ向けの固定クロスシートとされる。また、10100系では先頭車形状は流線形と貫通型に分かれ、貫通型車の位置によりA・B・Cの3タイプの編成ができあがる。そして、利用客の多少に応じ、3・6・9両の貫通編成を可能にするなど、従来からの伝統も受け継がれた。塗色については10000系と同じだが、10100系では以後の近鉄特急の標準となる、オレンジ色を基調に窓周りや車体裾部にダークブルーを配したため、その洗練された車両スタイルと相まってスマートさが際立つものになった。

この10100系は当初はおもにA+B編成で名阪特急に使用されるが、その美しい列車写真は駅のポスターや鉄道趣味誌はもちろんのこと、少年向け雑誌でも紹介され、「ビスタカー」の名は瞬く間に近鉄特急の代名詞となる。筆者が知る限りでは少なくとも1970年代後半まで、関西の子どもたちは近鉄特急ならどの形式の車両でも「ビスタカー」と呼んでおり、実際に筆者が小学校で担任した児童の中にも、夏休みの日記帳に「あべの橋駅から吉野駅までビスタカーに乗りました」と綴っている例も見られた。

ところで、1960年代における大阪府下の小学六年生の大半は伊勢志摩方面へ修学旅行に出かけていたが、10100系があまりにも好評であるため、子どもたちの「一度はビスタカーに乗ってみたい」という夢を修学旅行でかなえるべく、1962（昭和37）年に団体向けビスタカーとして20100系が新造される。10100系同様3両編成ながらボギー車体で、先頭車2両が2階建て、中間車は屋根の高さを揃えながらも階下部分と床下に走行機器を載せるため、ハイデッカー構造を採用。塗装は国鉄特急を思わせるクリーム色と赤の組み合わせで、車両愛称は小学生を対象とした公募の結果「あおぞら」と命名された。

この20100系は、小学生の修学旅行がメイン仕業であるため、座席は3人掛けと2人掛けとを組

3人掛けと2人掛けのクロスシートが並ぶ「あおぞら」の車内。1976(昭51).12　撮影＝交通新聞社

み合わせた固定クロスシートが採用され、3両での座席定員は何と398名になる。そもそも2階建て車両の長所は、眺望性向上と着席定員の増加が狙える2点にあるが、その意味では「あおぞら」こそ本来の目的にかなった最高の「ビスタカー」ではないかと思う。なお、筆者は年齢の関係で小学生時代には「あおぞら」に乗って修学旅行に出かけることはできなかったが、教員になってから引率者の立場で〝夢〟を実現させている。現在では12200系改造の15200系が〝2代目〟「あおぞらⅡ」として活躍中だが、小学校の伊勢志摩方面への修学旅行も近年ではバスが主役となっているようだ。

さて、一世を風靡した10100系ビスタカーⅡ世だが、1970年代も後半にさしかかると居住性面で陳腐化が目立ち始める。同系は車体構造から大規模なリニューアル改造が困難なため廃車が検討されるが、そうなると近鉄特急のシンボルである「ビスタカー」の呼称が消滅してしまう恐れがあるため、1978（昭和53）年から後継車として30000系ビスタカーⅢ世が新製される。しかし、鉄道が陸上交通の王者にあった1960年代半ばまでとは打って変わって交通機関が多様化し、鉄道利用客の間からは特急車に高品質なサービスを求める声が多数寄せられていたため、30000系では伊勢志摩方面への観光輸送に力点を注ぎ、特に2階部分の居住性と眺望の向上に配慮が払われる。

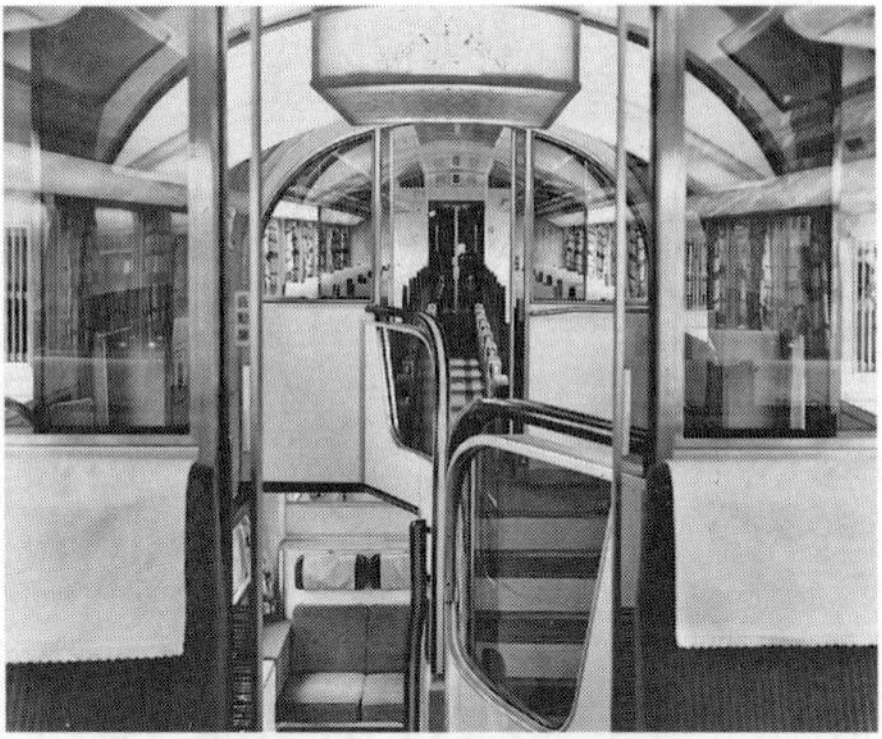
30000系の車内。中央のドア部分が吹き抜けになっており、2階席とコンパートメント風の階下席が見渡せる。　1978(昭53).12　撮影＝交通新聞社

その結果、３００００系は４両編成のボギー車体で、中間車２両が２階建て構造とされ、２階部分を普通客室並みの空間としたことで、階下部分の天地寸法は低くならざるを得なかった。そこで、中間車のドアを中央に配置し、階下席は写真のように階段下に行き止まりの６人用コンパートメント風座席として、２カ所設けられる。そのため、階下席の特急券は家族やグループ客などを優先して発売された。

　このように３００００系は先代のビスタカー同様、近鉄特急のシンボルカーとして位置づけられる車両だが、先頭車は１２４００系に類似した貫通型とされ、１０１００系Ｃ編成同様に他形式の標準軌特急車を連結できる構造となる。そのため、登場時はもちろん、リニューアル改造で車両名が「ビスタＥＸ」に改称された現在にいたるまで、１２２００系や２２０００系などを併結した８〜10両編

成で朝夕の通勤・帰宅時の運用にも使用されている。ビスタカーは10000系Ⅰ世も先頭ユニットを抜いた5両などでの運転も可能だったので、つまるところ、シンボルカーでありながら、汎用特急車の役目も果たす〝二刀流特急車〟といえよう。

時代は少し戻るが、10100系ビスタカーⅡ世が1979(昭和54)年に全廃されて数年が経過すると、20100系「あおぞら」も車両更新の時期にさしかかる。しかし、大阪府下の小学生にとって、伊勢志摩はマイカーで気軽に家族旅行できる時代となり、ビスタカーも別段珍しい車両ではなくなったため、1989(平成元)年に特急車から転用の18200系が後継車「あおぞらⅡ」としての任に就く。しかし、団体専用車としては18200系だけでは両数が不足することや、一般団体客の間では車両のグレードアップを望む向きもあるため、翌年に20000系「楽」が新造される。4両編成中の先頭車2両が2階建て、中間車2両はハイデッカーで、先頭車は階段状の展望席と連結面車端部にサロン席を有するのが特色で、客室の座席は2階、階下とも中間車と同様の転換クロスシートである。

そして、2012(平成24)年には、それまでの近鉄特急とは一線を画す観光特急50000系「しまかぜ」が登場。JR東日本のE5系グランクラスに匹敵するプレミア

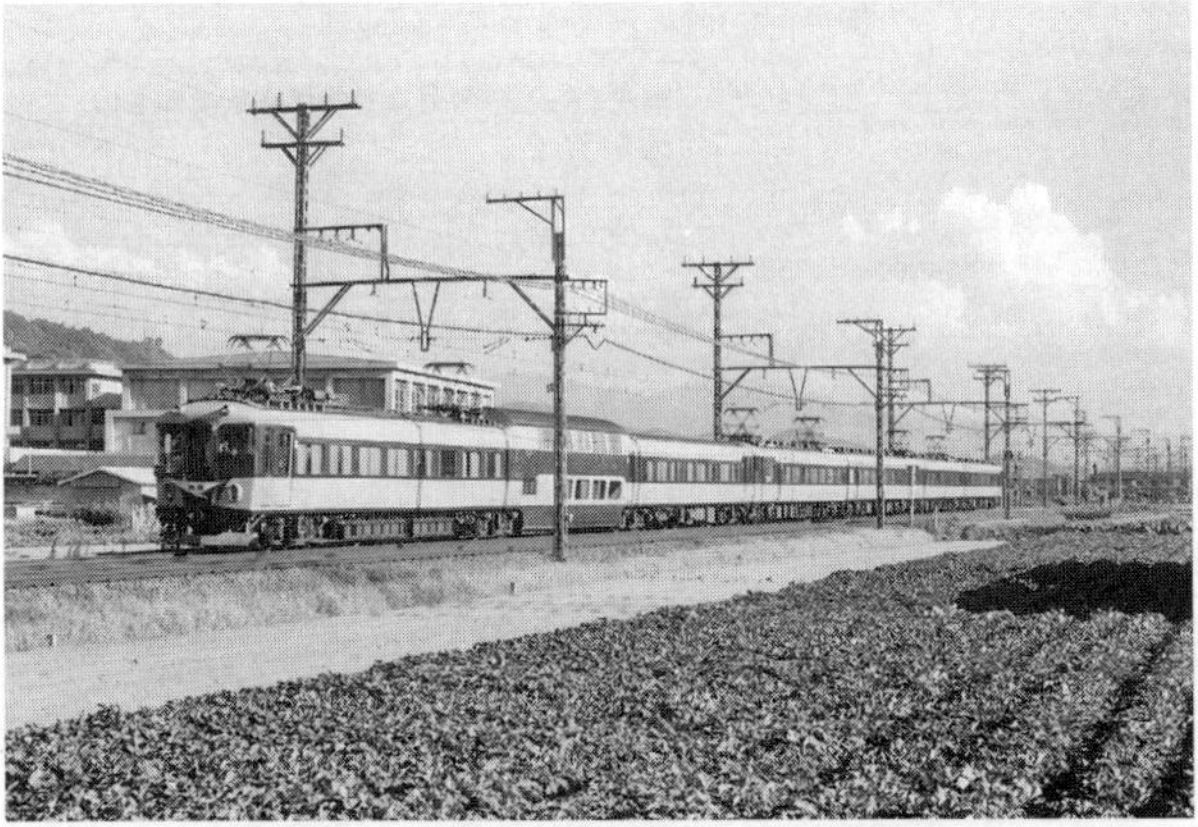

近鉄のシンボルでありながら汎用特急としての役割も果たしていた10100系ビスタカーⅡ世。10100系C編成+12200系+12000系の7連。1978(昭和53).8.7　恩智～法善寺

ムシートや、和洋の個室が目を引くが、カフェ車両の④号車サ50400形（大阪/京都～賢島間列車では③号車）は2階建てで、2階・階下部分とも食事スペースなので、もちろんビスタカーの一員であることは記すまでもない。

このように近鉄では、「ビスタカー」は1958（昭和33）年の運転開始以来、60年以上にわたり途切れることなく活躍が続いている。

やはり、近鉄特急は「ビスタカー」があってこそ、近鉄特急であり、今後もそれぞれの時代に即した「ビスタカー」の登場を期待したいものである。

近鉄特急 歴代ビスタカー・編成図

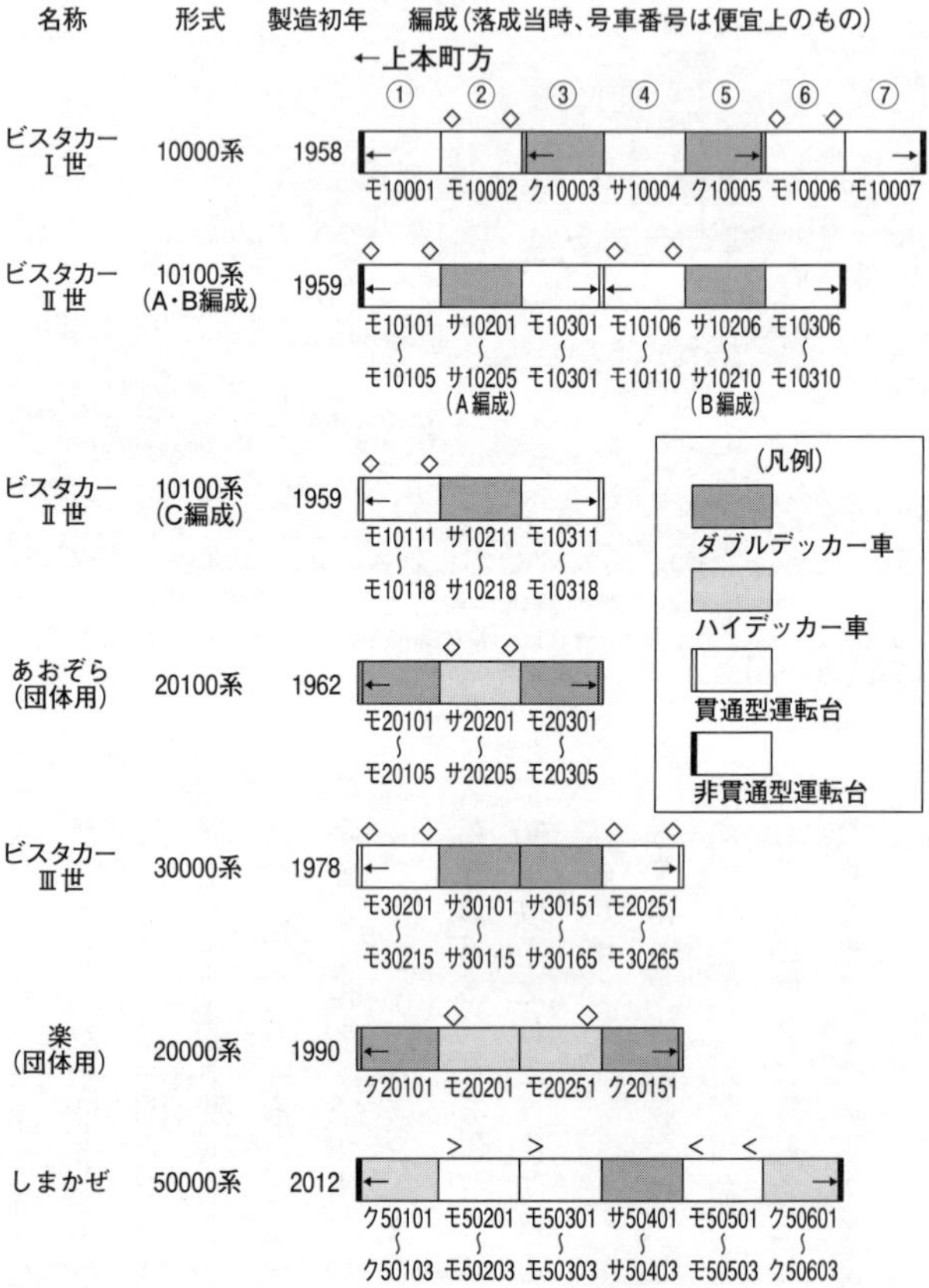

10000系は①～⑤、③～⑦または①②⑥⑦号車での組成が可能
10100系はA・B・C単独の3両のほか、A+B・A+C・C+B・C+Cの6両やA+C+Bの9両編成も可能
10100系と30000系は標準軌汎用特急車との併結運転が可能。10000系は他形式では11400系のク11500形のみ併結が可能
30000系は1996～2000年の2階部分を中心としたリニューアル改造で、車両名を「ビスタEX」に改称
50000系「しまかぜ」の④号車はカフェカー

Column

近鉄バスにも存在した2階建てバス「ビスタコーチ」

近鉄では1958(昭和33)年から翌年にかけて登場した2階建て電車「ビスタカー」が大成功を収めたことで、バス部門でも1車あたりの輸送力増強と乗客サービスを目的に、日本では初となる2階建てバス「ビスタコーチ」が1960(昭和35)年に登場する。高速バスなどで見られる2階建てバスとは異なり、ビスタコーチは写真のように前・後部が一般バスと同様の構造で、ホイルベース間が2階建てのため、座席は階下と中二階(一般のバスと同じ高さ)・2階の3層に分かれているあたりは、本家のビスタカー譲りだった。

「ビスタコーチ」は翌年には改良量産形が登場し、当時の花形路線である梅田～奈良公園／生駒山上間を眺望のいい阪奈道路経由で運転され、利用客から好評で迎えられたが、ワンマン対応ができないこともあり、活躍は短期間に終わってしまった。

大阪市街を走る「ビスタコーチ」。
1960(昭和35)　撮影＝交通新聞社

接客サービス向上に努めた近鉄特急の70年

近鉄が戦後の混乱が続く1947（昭和22）年10月に、大阪〜名古屋間で有料特急の運転を開始して以来すでに70年以上が経過し、その間、別表に示す40形式に近い特急車が活躍を繰り広げてきた。

本書でも幾度か記しているが、1947年当時の名阪間は近鉄線だけが電化路線であるものの、大阪線と名古屋線ではゲージが異なるというハンディを抱えていたため、近鉄は1959（昭和34）年11月に名古屋線を標準軌化し、特急の直通運転を実現する。しかし、それまで中川での乗換えが存在した12年間においても、車内販売やおしぼり配布をはじめ、列車冷房や車内公衆電話、シートラジオなどのサービスを、国鉄や他私鉄の優等（有料）列車に先がけて実施するなど、利用客の誘致に努めてきた。その精神は現在の観光特急「しまかぜ」や「青の交響曲（シンフォニー）」はもとより、大阪・名古屋・京都の3大都市と伊勢志摩・奈良・吉野の観光地を結ぶ特急ネットワークにも受け継がれている。ここではそうした近鉄特急の営業サービス史を、幾つかの項目に分けて解説していくことにする。

近鉄歴代特急車両一覧　2019年8月1日現在

現存	形式	登場時	車両名 ( )は通称	性能等	車体	製造初年	座席形状	軌間 (mm)	使用線区 (特急運転時)	備考
×	モ2200形	整		旧	半鋼	1930	固・ロング	1435	大・山	
×	モ2227形	〃		〃	〃	1939	転・ロング	〃	〃	
×	モ2300形	改	レクリエーションカー	〃	〃	1930	特・固	〃	〃	モニ2300の改造
×	サ2600形	〃		〃	〃	1940	転	〃	〃	元貴賓車の改造
×	モ6301形	整		〃	〃	1937	転・ロング	1067	名	旧関西急行電鉄車
×	ク6471形	〃		〃	〃	1930	転・ロング	〃	〃	旧伊勢電鉄車
×	6401系	新		〃	〃	1950	転	〃	〃	
×	2250系	〃		〃	全鋼	1953	転	1435	大・山	
×	5820系	改	かもしか	〃	半鋼	1930	転	1067	南・吉	旧伊勢電鉄車・※
×	6421系	新		〃	全鋼	1953	転	1067→1435	名→名・山	
×	6431系	〃		〃	〃	1958	転	1067→1435	〃	
×	10000系	〃	ビスタカーⅠ世	高	〃	1958	回	1435	大・山	
×	10100系	〃	ビスタカーⅡ世	〃	〃	1959	回・固	〃	大・山・名→標全	
×	10400系	〃	エースカー	〃	〃	1961	回	〃	大・山・名	
×	11400系	〃	エースカー	〃	〃	1963	回	〃	大・山・名→標全	
×	680系	改		〃	〃	1954	転	〃	京・橿	旧奈良電鉄車
×	683系/683	〃	(予備特)	旧	〃	1957	固・ロング	〃	〃	〃
×	683系/684・583	〃	(予備特)	〃	半鋼	1940	転・ロング	〃	〃	〃
○	16000系	新		高	全鋼	1965	回	1067	南・吉	
×	18000系	〃		旧	〃	1965	転	1435	京・橿	狭幅車体
×	18200系	〃	(ミニ・エースカー)	高	〃	1966	転	〃	標全	〃
×	12000系	〃	スナックカー	〃	〃	1967	リク	〃	大・山・名→標全	
○	12200系	〃	スナックカー	〃	〃	1969	リク	〃	〃	
×	18400系	〃	(ミニ・スナックカー)	〃	〃	1969	リク	〃	京・橿→標全	狭幅車体
○	12400系	〃	(サニーカー)	〃	〃	1977	リク	〃	標全	
○	30000系	〃	ビスタカーⅢ世	〃	〃	1978	リク・固	〃	〃	
○	12410系	〃	(サニーカー)	〃	〃	1980	リク	〃	〃	
○	12600系	〃	(サニーカー)	〃	〃	1982	リク	〃	〃	
○	16010系	〃		〃	〃	1981	回	1067	南・吉	
○	21000系	〃	アーバンライナー	〃	〃	1988	リク	1435	標全	DX車連結
○	26000系	〃	さくらライナー	〃	〃	1990	リク	1067	南・吉	DX車連結
○	22000系	〃	ACE(エーシーイー)	VVVF	〃	1992	リク	1435	標全	
○	16400系	〃	ACE(エーシーイー)	〃	〃	1996	リク	1067	南・吉	
○	23000系	〃	伊勢志摩ライナー	〃	〃	1993	リク・固	1435	標全	DX車、サロンカー連結
○	21020系	〃	アーバンライナーネクスト	〃	〃	2002	リク	〃	〃	DX車連結
○	22600系	〃	Ace(エース)	〃	〃	2009	リク	〃	標全	
○	16600系	〃	Ace(エース)	〃	〃	2010	リク	1067	南・吉	
○	50000系	〃	しまかぜ	〃	〃	2012	リク・固・個	1435	標全	全車DX車、カフェカー連結
○	16200系	改	青の交響曲	高	〃	1978	リク・固	1067	南・吉	全車DX車、ラウンジカー連結

【現　　存】○＝現存(一部廃車を含む)　×＝現存せず　【登場時】 新＝新車　改＝一般形からの改造
整＝既存車を整備して充当
【性 能 等】旧＝旧型車(吊掛け式駆動車) 高＝高性能車　VVVF＝VVVF制御車
【座席形状】固＝固定クロスシート　転＝転換クロスシート　回＝回転クロスシート　ロング＝ロングシート
リク＝リクライニングシート　特＝特別室(1人用ソファ) 個＝個室 (何れも登場時の形状を記載)
【使用線区】大＝大阪線、山＝山田線、名＝名古屋線、南・吉＝南大阪・吉野線、京・橿＝京都・橿原線
標全＝けいはんな線を除く標準軌区間の全路線　【備考】※＝16000系代走を除き有料特急の定期運用なし

1. 座席形状の変遷

近鉄特急が走り始めた頃は、終戦から2年余りしか経過していないこともあって、車両はモ2227形やモ6301形といった戦前の最優秀車が使用された。しかし、両形式は長距離用の急行形ではあるものの、通勤用としても対応できる車両だったので、車内のドア付近にはロングシート部分も残されていた。そこで、有料特急用に格上げするに際しては吊革の撤去のほか、クロスシートの背摺り上辺を純白のリネンで覆うとともに、1両あたり4カ所の窓ピラー部分には生け花を飾るなど、清潔さと豪華さを醸し出す工夫がなされた。ロングシート部分がそのままにされたのは、本格的な特急車が登場すれば急行運用に戻すための策であった。近鉄特急といえば全車座席指定のイメージが強いが、運転開始当初はクロスシート部分の座席数だけ特急券を発売する座席定員制であり、指定制が導入されるのは1949（昭和24）年6月からである。

設定当初は〝中古車〟での運転だった近鉄特急だが、1950（昭和25）年には初の新車として名古屋線に6401系が登場する。オール転換クロスシートだが、スタイル的にはモ6301形と見分けがつかないような車両だった。そうした近鉄特急に新風を吹き込むのが1953（昭和28）年製の2250系と6421系で、両形式ともドアは車端部に置かれ、その間に転換クロスシートのピッチに合わせた800㎜の窓がズラリと並び、いかにも特急にふさわしいスタイルになる。

そして、1958（昭和33）年には2階展望室付きの10000系ビスタカーⅠ世が落成し、大きな話題をさらう。しかし、2階構造については別に項を設けて解説するが、後の国鉄電車特急にも大きな影響を与える回転クロスシートと、座席2つ分の大型固定窓の車内インテリアはこの10000系から採用されたものであり、それをさらに洗練されたスタイルにしたのが、翌年に量産される名阪間直通用の10100系ビスタカーⅡ世である。名古屋線も改軌されたため、この10100系から大阪・名古屋・山田線用特急車は共通仕様となり、旧形特急車の置換え用となるエースカー11400系も同様の回転クロスシートで登場する。

東海道新幹線開業の1964（昭和39）年10月以後は、特急運転区間が京都・橿原線や狭軌の南大阪・吉野線に拡大されるが、京都・橿原線の680系や18000系は当時の車両限界との関係で狭幅車体のため転換クロスシートを採用。南大阪・吉野線用は狭軌版エースカーといえる16000系が回転クロスシートで登場する。

ところで、当時の国鉄車両では1等車（現グリーン車）に使用されるリクライニングシートは、私鉄では東武鉄道の1720系デラックス・ロマンスカー、南海電気鉄道の20000系新ズームカーが、それぞれモノクラスの範疇でいち早く導入するが、新幹線開業以来利用客の落ち込みが続く名阪特急の巻き返し策として、1967（昭和42）年に12000系スナックカーが、980㎜のシートピッチの枠内で座面スライド式のリクライニングシートを採用。座席下部の蹴込み部分を斜めにしたため居住性がよく、以後の近鉄特急は一部の例外を除きリクライニングシートとなり、回転クロスシートの11400系、16000系、16010系も後にリクライニングシートに取替えられる。

さらに、1988（昭和63）年に登場するアーバンライナー21000系以後の特急車は、さらなる快適性向上を狙い、シートピッチが1000㎜または1050㎜に拡大され、オール・デラックス車による編成の50000系「しまかぜ」のプレミアムシートでは、ピッチが1250㎜に達する。そして2020（令和2）年3月から名阪特急用として就役する80000系「ひのとり」では、シートピッチはさらに拡大され、レギュラーシートが1160㎜、プレミアムシートは1300㎜になるとともに双方とも全席にバックシェルが設置され、居住性のさらなる改善が図られる。特にプレミアムシートは、「しまかぜ」用ともども、JRでは東北新幹線E5系のグランクラス並みの座席といえよう。

2．車内販売と供食サービス

近鉄特急では運転開始当初から、車掌のほか、女性の案内掛（現在風にはアテンダント）が接客サービスを担当していたが、1951（昭和26）年からは弁当やコーヒー、酒類などの車内販売と、おしぼりの配布サービスが開始される。おしぼりは現在ならリース会社が担当するところだが、当時は大量におしぼりを用意できる事業所がないため、高安と中川に蒸しタオルを用意する設備がつくられた。蒸しタオルを特急車内まで運ぶ箱には、保温のために木の内張りが施されていたが、そうなると今度は木のにおいがタオルに移ることや、案内掛が熱い状態で乗客に手渡ししなければならず大変だったようだ。このおしぼりは現在では紙製のものに変わり、「しまかぜ」ではアテンダントによる配布が継続されているが、その他の列車では洗面所やデッキに置かれ、利用は旅客のセルフサービスに任されている。

また、車内販売は1970年代後半までは原則として全列車で、おしぼり配布とセットの形で実施されていたが、その後、短距離利用客の増加やコンビニ普及などによる利用客減で、実施列車の区間や本数削減が続き、2002（平成14）年の「アーバンライナー」を最後に、全列車で営業が終了する。しかし、利用客の間からは車内販売の再開を望む声が強く、2006（平成18）年11月から長距離観光客の多い土・休日ダイヤの「伊勢志摩ライナー」で復活。翌年10月からは名阪間の「アーバンライナー」でも営業が再開されている。なお、観光特急の「しまかぜ」と「青の交響曲」では通年営業である。

「しまかぜ」のカフェカー、「青の交響曲」のラウンジカーで実施されているビュフェサービスに話を移すと、これは意外にも車内販売よりも歴史が古く、1950（昭和25）正月に上本町～宇治山田間で初詣臨時特急を運転するにあたり、「レクリエーションカー」のモ2303形に特設されたカウンター部分で、橿原観光ホテルがビュフェ営業を行なったのが始まりである。近鉄社史『80年のあゆみ』には支配人（食堂長）やコック、ウェイトレス計5人の記念写真が掲載されているが、カウンターにやかんと電気コンロが置かれているだけで、調理場や流しは見当たらないので、コーヒーやお茶、燗酒以外は、過熱を必要としない調整済みの幕の内弁当やサンドウイッチを持ち込んで販売していたものと想像できる。

時代が少し下り、1967（昭和42）年に登場した12000系は「スナックカー」の車両名通り、モ12000形の運転室次位のスペースにスナックコーナーを設置。名阪ノンストップ特急では、調整済みの洋食ランチ・中華ランチ・カレーライスなどが電子レンジで温められ、機内食のようにシートサービスされる。このスナックコーナーは10100系の一部や12200系の初期車のほか、18400系にも取付けられるが、利用客数が伸びなかったのか、わずか数年間の営業に終わってしまった。筆者は学生時代、名阪間を移動する際、特急車内で中華ランチを食べるのが楽しみだっただけに、今も残念である。

こうした軽食サービスは、21世紀になると長距離列車の多いJR各社でも一部を除き撤退の道を進むので、一時的とはいえ車内販売も終了した近鉄では復活などありえないものと思われたが、何と2012（平成24）年になって観光特急の50000系「しまかぜ」で蘇り、2016（平成28）年には16200系「青の交響曲」が続く。「しまかぜ」はスナックカー同様に調整された料理を電子レンジで加熱、「青の交響曲」は寿司やおつまみなどの車内持ち込み方式だが、客室とは離れたカフェカーやラウンジカーで味わうことができるので、年配者にとっては国鉄時代の在来線食堂車やビュフェでの気分に浸ることができる。観光特急は客室での居心地があまりにもいいため、乗車時間との兼ね合いもあり、そうした専用車に出向いて飲食する旅客となると限られるようだが、「列車内も旅のひとつ」と考えた場合、利用するしないにかかわらず、観光特急のステータスを保つ上で

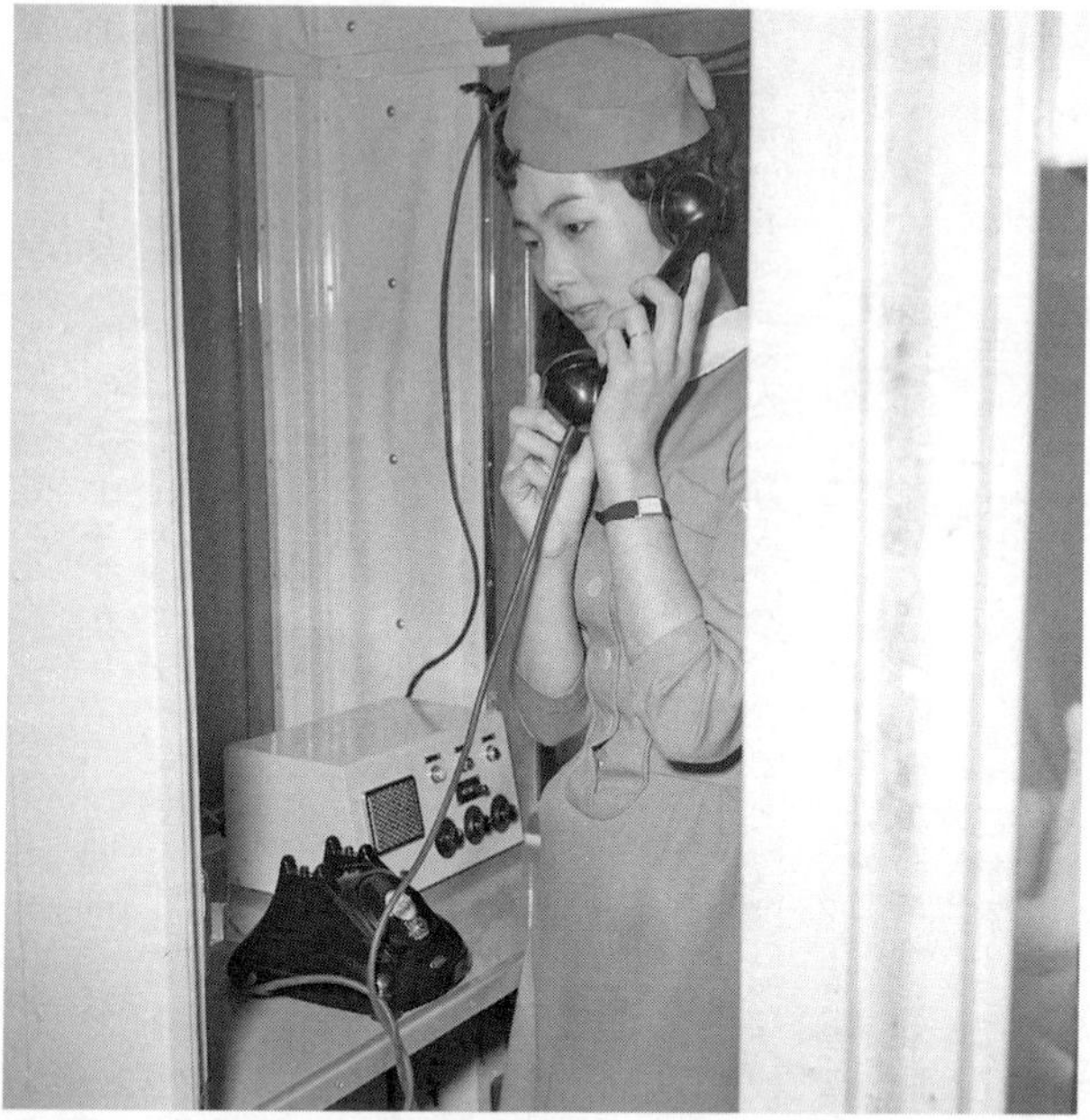
大阪線内で行なわれた車内公衆電話の公式テスト。 1956(昭31).10.26
撮影＝交通新聞社

も必要な設備なので、いつまでも連結を続けてほしいものである。

3. 冷房・公衆電話・シートラジオ・洗面所・デッキなど

現在では冷房は車両にとってはもちろんのこと、住宅や公共施設などでも〝当たり前の設備〟だが、近鉄特急に初めてお目見えするのは1957（昭和32）年夏のことだった。名阪間を並走する国鉄東海道本線では、同年10月に値段が安くてスピードが速い電車準急の運転が決定しており、新たなライバルに先手を打つ意味もあって、近鉄は特急車の2250系と6421系に冷房装置を取付けたのである。1957年といえば、私鉄には冷房付き車両は見当たらず、国鉄でも1等展望車と食堂車、それに2等寝台（現A寝台）車の一部だけで、食堂車では利用客へのサービスというよりは、蒸気機関車の煤煙から皿に盛られている料理を守るための措置だった。そうした中で近鉄特急は編成全体の冷房を実施したのだから大好評で迎えられたが、沿線では真夏でも窓を閉め切ったままで走る電車の姿が、見慣れるまでは奇妙な感じに映ったといわれる。

近鉄は特急の全車冷房化だけでは満足せず、同年中に列車公衆電話の営業を行なう一方、イヤホーンでNHK第1・第2放送が聞けるシートラジオを設置する。スマホ全盛の現在では考えられないような前時代的な設備だが、当時の列車内は旅客にとって「外部から何一つ情報が入ってこない空間」であり、公衆電話やシートラジオは情報を先取りできる最前線の設備だった。これにより、近鉄特急は「ビジネス特急」としての名声を博した。

洗面所やトイレは、最低でも2時間以上の乗車となる名阪間特急はもちろん、長距離の急行でも不可欠な設備であるため、近鉄特急では運転開始当初からトイレ付き車両が編成に入っていたが、当時は急行形電車を整備しての使用だったため、洗面所併設は名古屋線のク6471形だった。大阪線ではモ2227形や臨時に入るモ2200形は両運転台式なので、トイレは非パンタ側の運転室対面に設けられていた。そのため、この部分の正面窓は最初から塞がれていた。初期の近鉄特急に正面助士席側の窓が塞がれた車両が先頭に立つ写真が見られるのは、そのためである。

近鉄では本格的な特急として登場した2250系と6421系から、洗面所が併設される。便器の形状は12000系までは一貫して和式だったが、2階構造の階下にトイレが設けられた10100系では、男子小用の際に便利な段付き式の和式は天地寸法との関係で設置が困難なため、男子用の小便器が併設される。この男子用小便器については、1959（昭和34）年4月から運転を開始した国鉄の修学旅行用電車155系が、すでに導入していることで、近鉄はこの分野では半年の遅れをとり〝トップ〟の座を逃した。

トイレの便器は和式構造が続いた近鉄特急だったが、1970（昭和45）年の大阪万国博を前に新造された12200系と18400系以後の形式では、外国人の使用も考慮して和・洋式併設が原則となり、12400系では再び男子用小便器が復活。そして、1992（平成4）年の22000系からは生活様式の変化に合わせ、便器はすべて洋式になり、新たに車椅子対応の多目的トイレも設置されて、以後の特急車の標準仕様となる。さらに、和式便器を有する既存形式もリニューアル改造の際、洋式のものに順次改造されている。

ところで、座席指定特急では乗降口付近に客室とは壁で仕切った広場（デッキ）が設けられているのが普通だが、近鉄特急では1969（昭和44）年に登場した12200系と18400系Tc形式車のトイレ・洗面所側ドアにデッキが設けられるまでは、そうした設備がなかった。つまり車両の一番前または後の座席に座っていれば、停車駅ではすぐそばのドアが開閉するわけである。

近鉄特急の乗降口部分が長らくこのような形態だったのは、構造的にデッキを設けるのが困難な草創期の急行形車両は別として、名古屋線改軌前の本格的特急車2250系なども、中川での乗換えを短時間でスムーズに行なうには、デッキのない方が好都合で、それに少しでも定員（座席数）を稼げることが理由だった。1959（昭和34）年から1967（昭和42）年の時期に製造された名阪特急用10100系ビスタカーや、主要駅停車型の11400系エースカー、それに12000系スナックカーも、定員の確保や停車時分の短縮を目的とする流れの中にあった車両といえた。しかし、その後は特急利用客の伸びも上昇から横這いに転じたことや、特急車内の居住性向上を狙い、1977（昭和52）年の12400系からは一部の形式を除きドア付近はデッキ付きとなり、それ以前に製造された特急車もリニューアル時にデッキ付きに改造されている。

このほか、近鉄では1983（昭和58）年3月から、唯一喫煙が許されていた特急車にも禁煙車が設定される。当初は1列車あたり1両だったが、快適な車内は嫌煙家から好評で迎えられたことで、禁煙車の比率は年を追うごとに高まり、健康増進法が制定された2002（平成14）年に落成した21020系アーバンライナーネクストからは全車禁煙とされる。しかし、愛煙家の利用を配慮し、6両編成中2両に喫煙コーナーが設けられ、以後の新形式にも受け継がれている。近鉄特急には現在も喫煙車付きで残る車両形式もあるが、近年中に姿を消す予定である。

4．特別車両とシンボルカー、観光特急

国鉄～JRのグリーン車の正式呼称は「特別車両」であり、乗車には特急券などとは別に設備料金が徴収され、編成の長い東海道・山陽新幹線では16両編成中に3両が連結されている。しかし、近鉄は大軌創業時から列車はごく一部の例外を除いては国鉄～JRでい

うところの「普通車」だけで運転され、１９４７（昭和22）年に運転を開始した特急も「大衆的な列車」をコンセプトとしていたので、そうした車両だけでの編成だった。

そのような草創期の近鉄特急にも一時期ながら特別車両が登場する。大戦中に被災していた元参急デトニ２３０３を、１９４９（昭和24）年に特急車の一員として復旧するに際し、荷物室とコンパートメント室を国鉄特急「へいわ」（のちの「つばめ」）の1等展望車並みの内装に改造した車両で、名阪間よりも大阪から伊勢・志摩方面への観光客誘致を狙い「レクリエーションカー」と命名された。しかし、１９５４（昭和29）年初頭当時の値段は特急料金１５０円に特別室料金１００円が加算され、高額であることで利用客数は少なく、翌年には運用から外されてしまった。ちなみに近鉄特急の直接のライバルとなる国鉄名阪準急の料金は１００円だった。

名阪間ゲージ統一後の近鉄特急は、名阪間ノンストップ甲特急のほかに、主要駅に停車する乙特急、大阪／名古屋～伊勢間特急に加え、京都～橿原神宮前／奈良／伊勢間特急、それに大阪～吉野間特急なども加わり、巨大な特急ネットワークが構築される。特急料金も概ね40㎞を単位とした地帯制が採用され、短・中距離客にも利用時の負担が重くならないような値段になるよう配慮されており、それが名阪間でスピード面ではかなうべくもない新幹線に、半世紀以上にわたって共存を続ける原動力ともなっているのである。

1988（昭和63）年には、その名阪特急専用車として21000系「アーバンライナー」が登場。それまでの近鉄特急の殻を破る斬新なスタイルや塗装で一世を風靡したが、先頭部の特急マークや行き先表示が省略され、名阪特急専用のシンボルカーと位置づけられたのも大きな特色だった。この21000系は6両（一部8両）編成中、2両がJRではグリーン車に相当するデラックスカーとなる。そして、その好評により1990（平成2）年に26000系「さくらライナー」、1993（平成5）年に23000系「伊勢志摩ライナー」が、吉野、伊勢志摩方面へのシンボルカーとして新造される。

2020（令和2）年3月に名阪特急用として登場する80000系「ひのとり」も、「アーバンライナー」の後継を担うシンボルカーである。これらのうち26000系は当初レギュラーシートだけの4両編成だったが、2011（平成23）年のリニューアル改造時に、中間車1両をデラックスカーに改装。23000系には最初からデラックスカーとサロンカーが連結される。

では、近鉄特急のシンボルであるはずのビスタカーⅠ～Ⅲ世はどのような扱いなのかとなるが、これについては前項で記述した通りである。

さて、「アーバンライナー」などの登場により1980年代以後の近鉄特急車は、シンボルカーと多用途の汎用特急とに二分されて運用されるが、これらとは別に利用対象を観光客一本に絞り、デラックスカーやそれ以上の車内空間を提供する観光特急として、2012（平成24）年から翌々年にかけて大阪／名古屋／京都〜伊勢志摩間に「しまかぜ」が運転を開始。2016（平成28）年には大阪〜吉野間に「青の交響曲」が登場する。「しまかぜ」ではデラックスカーの上位にランクされるプレミアムカーや、和洋の個室などを配したグループ席車、それにカフェカー、「青の交響曲」では1人用から2・4人用まで各種の座席を配置したデラックスカーとラウンジカーで組成され、列車内が旅として楽しめるような演出がなされている。座席定員は「しまかぜ」が146名、「青の交響曲」は65名に抑えられていることもあって、年間を通して高い乗車率を誇っている。

自動改札機導入前の乗車券は一部で地色が異なっていた

近鉄というよりは、日本の鉄道に自動改札機が導入されたのは意外と古く、50年以上前の1966（昭和41）年に、阿部野橋駅で定期乗車券（以下定期券）を対象に試験導入されたのが始まりである。情報をパンチ穴で示した定期券を読み取る方式で試験的なものだったが、3年後には磁気化された定期券を対象とする専用の自動改札機が学園前駅に設置。その後、全国統一規格の定期券と普通乗車券（以下乗車券）に対応した自動改札機が、1978（昭和53）年から本格導入され、現在ではICカードにも対応している。

自動改札機が乗車券より先に定期券から始まったのは、改札口での混雑緩和と合理化が主目的だが、不正乗車防止策も含まれていたことは記すまでもない。現在でも地方のJR線や私鉄線で、自動改札機のない有人駅では駅員が乗車券の券面を見ながら回収し、定期券に記されているデータをチェックしている。しかし、近鉄の300近くある駅の中でも一日の乗降客数が5万人を優に超える大阪上本町や大阪阿部野橋・近鉄奈良・京都・近鉄名古屋などのターミナル駅では、自動改札機が導入されるまで、ラッシュ時ともなると10人前後の駅員がラッチに立って集改札に当たっていたが、乗車券や定期券に記載されているすべてのデータを一枚ずつ観察することなど、到底不可能なことだった。

そこで、実際に知り合いの駅員さんに聞いた話では、定期券は「今日は有効期限日、明日は男女別、そして、明後日は駅名……」と視点を決めて不正がないかどうかを、チェックしていたということである。定期券よりも文字が小さい乗車券では、利用客の表情や、手つきを見て怪しいと思った人のものだけを、回収時に見ていたとのことだった。

筆者は、1965（昭和40）年から1968年にかけて、通学に近鉄電車を使っていたこともあり、その目的以外にも近鉄はよく利用したが、不思議に思ったのは乗車券の地色だった。当時、在阪私鉄でも阪急・阪神・京阪の乗車券は、運賃区間を記した軟券に、乗車駅名と日付けの入った丸いスタンプが押されているだけだったが、南海と近鉄はそのような軟券と国鉄タイプの硬券とを併用しており、特に近鉄では硬券はもちろん軟券にも行き先の駅名と値段が記されていた。そして、乗車券は社章を地紋（地模様）とし、地色は緑が標準であり、鶴橋駅の切符売り場で八尾や河内国分へ

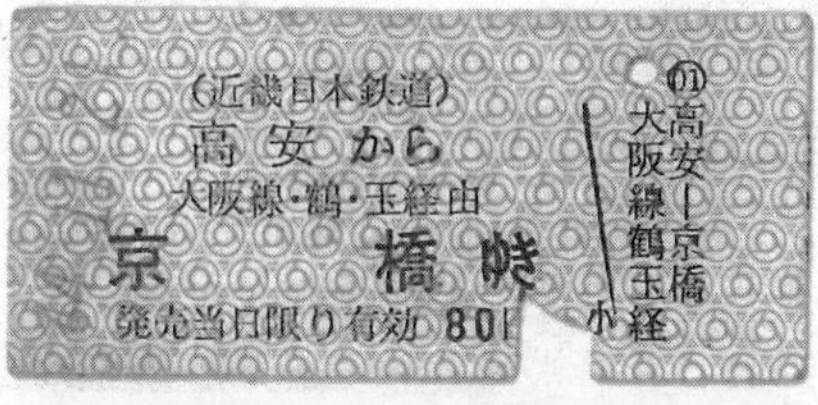

(表)
(裏)
近鉄の国鉄線への連絡乗車券。裏面での案内で近鉄線内は途中下車可能が分かる。

の乗車券を求めた場合、緑色のものが渡されたが、上本町への乗車券はどの駅で購入してもピンクがかった赤色だった。それと、何度か近鉄を利用しているうちに、阿部野橋行き乗車券の地色は茶色、宇治山田行きは水色、布施行きの乗車券は上本町や鶴橋で買った場合は黄色であることに気が付いた。そして、国鉄線への連絡乗車券は灰色だった。

当時の筆者は、近鉄では標準色以外の地色の乗車券に興味を抱いていたが、なぜ特定の行き先駅には異なった地色の乗車券が発売されるのかは、理由が分からなかった。しかし、『鉄道ファン』1966（昭和41）年1月号の「サロンカー」欄を読んでいると、『近鉄色好み』という題で、これに関する記事が載っていた。その一部を引用すると、「近鉄だけでなく、どの鉄道のターミナル駅や乗降客の多い駅でも改札掛が一枚一枚、乗客の渡した乗車券の券面表示を調べている暇がないので、これを悪用して、他駅表示券で出る客が多かったこともあり、近鉄ではこれを防止するために、ターミナル駅行きの乗車券の字模様の色を普通色（緑）と変えている。上本町駅（赤）、阿部野橋駅（茶）、奈良駅（灰）、京都駅（紫）などとなっている。また、ターミナル駅から一区（15円）の乗車券で乗り越ししそのまま降りる客が多いので、これを防止するためにもターミナル駅からの1区乗車券の色も、布施駅（黄）、今川駅（紫）などと変えている」であった。要は不正乗車の防止策だが、近鉄では切符の地色を変えることにより対処していたのである。

そういえば、1960（昭和35）年に、それまでの3等級制から2等級になった国鉄では、乗車券の地色は1等が黄緑色、2等は青色に統一されるが、翌年には東京・千葉両鉄道管理局内の6kmまでの2等乗車券（10円）には旧3等の地色だった赤色が復活している し、関西では京阪は乗車券に押すスタンプの色を奇数日は濃青、偶数日は赤（逆だったかも……）と変えることにより、拾った乗車券などを使わせないよう対策を練っていた。しかし、鉄道会社がいかに努力しても、定期券と乗車券を併用して中間駅をただ乗りする「キセル乗車」だけは、執拗に車内検札を繰り返す以外に打つ手がなかった。

鉄道会社を悩ませた不正乗車は自動改札機設置駅の増加により解消する。また、乗車券も窓口よりも券売機での発売に移行するので、カラフルだった近鉄乗車券の地色も統一され、現在では橙色を基調に縦にラインが入れられたものになっている。自動改札機もICカード対応で、裏面が茶色やクロの乗車券類は発駅や着駅の履歴を読み取ることができるので、不正乗車などはまず不可能だ。「キセル」の語源である日本伝統の喫煙具とともに、キセルの言葉も死語になりつつある。さらに、ICカードなどの利用増で、乗車券とてその地位は安泰ではない。

ところで、近鉄の乗車券が自動改札対応ではなかった1960年代は、発駅から概ね80km以上にある駅へは乗車券の有効期間が2日とされていたほか、それ以内にある期間が当日限りの駅であっても、無人駅や運賃が同一である駅以外では途中下車が認められていた。だから、上本町から河内国分までの乗車券を購入し、途中八尾で下車して百貨店で買い物をすることもできたのである。この通用発売当日限りの乗車券での途中下車は自動改札機が本格導入されるまで続けられ、以後は指定駅の上本町・生駒・田原本・四日市・桑名などに限り認められるが、2001（平成13）年に近鉄が「スルッとKANSAI」に参加したことで、システムの関係上、乗車券は難波〜名古屋間などの長距離を含め全区間が当日限りの有効となり、途中下車も前途無効となる。

筆者は乗車券の有効期間が2日だった時代には、名古屋や鳥羽方面へ近鉄電車の撮影に出かける場合は、1枚の乗車券でいくつかの駅に途中下車を繰り返したが、それができなくなったのは残念である。しかし、近鉄では金・土・日曜または土・日・月曜の連続した3日間という制限はあるものの、ケーブルを含む全線が乗り放題で、特急券を払えば特急にも乗車可能な「近鉄週末フリーパス」が通年発売されているので、撮影はもとより観光旅行にも便利で、今も愛用している。

美味しい魚を輸送する鮮魚列車は5代にわたり活躍

三重県の漁港に早朝に揚がった魚介類を電車で奈良や大阪に運ぶ行商人の姿は、昭和戦前の大軌・参急時代から見られたが、近鉄では、魚介類を一般列車に持ち込む行商人が増えると、臭気で他の利用客の迷惑になることや、行商人の便宜を図る目的もあり、1963（昭和38）年9月21日に「伊勢志摩魚行商連合会」の団体貸切列車として「鮮魚列車」を設定。以後半世紀以上にわたり、原則として日・祝日を除く毎日、往路（上り大阪方面行き）は宇治山田～上本町間、帰路は上本町～松阪間で運転されている。

この鮮魚列車には、連合会の会員以外はいかなる理由があっても乗車することができないため、市販の『時刻表』に列車や時刻の掲載はないが、設定以来、往路（上り）は宇治山田を6時台、帰路（下り）は上本町を17時台に発車し、急行に近いスピードで運転されている。大阪・山田線では、特に夏場はほぼ全区間にわたって日の当たる時間帯を走ることや、特殊用途の列車であることで沿線ではよく知られた存在であり、歴史も長いため、使用車両は現在まで何と5代にわたって活躍を続けている。

運転開始当初の初代鮮魚列車には、主として上本町～宇治山田間急行（通称・宇治急）用のモ２２００＋ク３１００（ともに3ドア改造車）、モ２２５０＋ク３１２０（特急からの格下げ車）などの編成が、宇治急と同じデザインで「急行」の文字を「鮮魚列車」に変えただけのサボを付けて使用された。これは、①33‰勾配が続く青山越えをするため、大出力主電動機と電気制動を持つ車両であること、②魚介類を入れるブリキ箱を大量に積み込むため、〝広場〟面積の大きい3ドア車が好都合、③行商人の大半は１００㎞以上に及ぶ伊勢～大阪間を通し乗車することで、少なくとも編成中に１両はトイレ設置車を連結する、という条件によるものであった。

しかし、これらの車両が本務である宇治急に使用される際に、場合によっては車内に魚の臭いが残り、利用客から苦情が寄せられたこともあったため、鮮魚列車に使用する形式を限定することになり、大阪線全線複線化後の１９７６（昭和51）年10月までに、モ１４００形とク１５００形を電動貨車に格下げしたモワ10形９両とクワ50形２両、それに大阪線用通勤車モ１３２１を制御車化したク１３２１、草創期の京都線用特急にも使用されたモ６８３を、これまた制御車化したク１３２２が選定される。モワ10形とクワ50形は貨車扱いだが、元来からロングシート車であるため、吊革や網棚は撤去されているものの、

ク503を先頭とした吊掛け車4連による上り3代目鮮魚列車。1988（昭和63）.8.2　安堂～河内国分

座席は残されていた。

これにより2代目鮮魚列車は、モワ10形2両とク1320形またはクワ50形のうち2両を連結した4両編成になるが、行商人用の座席車として必ずク1320形1両が連結され、特に対向式クロスシートのク1322は好評だったようだ。

このモワ10形からなる2代目鮮魚列車は、ク1322が2ドア車であることを除き、前述の①と②の条件を満たしていたが、種車との関係もありトイレが設置された形式はなかった。だが、大阪線全線複線化でダイヤにもゆとりができたせいか、山間部の特急や快速急行の待避駅では停車時分を多めに取り、〝トイレタイム〟

を設けることで、生理現象への対処がなされた。

この2代目鮮魚列車は、戦前製のモワ10・クワ50の両形式の経年が上限に達したことで1983（昭和58）年に引退。代わって吊掛け式の旧形車であるがために、一般列車の運用を追われた、元特急用のモ2250形2両とク3120形1両、それに2200系の車体更新車で1両だけのモ1420形が3代鮮魚列車用に参入する。ク1320形2両は車体が2250系とほぼ同期の製造であるためそのまま残るが、3代目はすべての車両が荷物列車にも使用するため、これらの車両は600系と称し、モ600形とク500形の2形式にまとめられる。

600系はそれぞれ3両ずつの小世帯で、新旧の車番を示すと、モ601（↑モ1421）、モ602（↑モ2257）、モ603（↑モ2253）、ク501（↑ク3125）、ク502（↑ク1322）、ク503（↑ク1321）となり、出自の違いはスタイルの違いでもあり、趣味的には楽しかった。600系はモ601+ク501のように末尾の番号が同じ2両で組成され、3代目鮮魚列車は2両組2本の4両編成で運転される。トイレの設置はク501だけで、日によってはトイレのない編成が鮮魚列車の運用に入るため、〝トイレタイム〟も継続された。

鮮魚列車に使用された車両一覧

	稼働時期	使用車両編成 (左側が上本町寄り)	編成	備考
初代	1963(昭和38)年9月21日～	※モ2200+ク3100など	2両	1400系・2250系も使用
2代	1976(昭和51)年10月～	ク1320+モワ10+ク1320+モワ10など	4両	準専用車両
3代	1983(昭和58)年～	ク500+モ600+モ600+モ600	4両	〃
4代	1989(平成元)年3月～	ク1591+モ1481+モ1482	3両	専用車両・固定編成
5代	2001(平成13)年11月17日～	ク2782+モ2683+モ2684	3両	〃

※編成の向きは一定していない

一般客向けの列車ではないが、近鉄の幹線を走る最後の旧形電車としても人気のあった3代目鮮魚列車だが、1980年代も終盤になると、老朽化のほか、冷房のない車両はもはや過去の遺物となり、1989（平成元）年3月に4代目と交替する。それまでの鮮魚列車は2代目からは特定の車両が使用されてきたが、この4代目では1481系・モ1482＋モ1481＋ク1591の専用編成になる。

この1481系は1961（昭和36）年3月に1480系・モ1482＋モ1481＋ク1581の編成で登場し、上本町～松阪間の通勤急行にも運用するため、ク1581にはトイレが付けられていたが、同車は1967（昭和42）年に名古屋線に転属。代わってク1591が上本町寄り先頭に付く。

この編成の鮮魚列車転用に際しては、形式を１４８１系に変更するとともに、冷房化のほか吊革の撤去といった改造が実施される。またトイレについては、やはりサービス上必要いうことでク１５９１に設置工事が実施されたので、実に22年ぶりにトイレ付きの編成に戻ったわけである。当時、近鉄では幹線用通勤用車両は現在のベージュとマルーンのツートンカラーが標準色になっていたが、１４８１系では鮮魚列車としての存在をアピールするため、マルーンを基調に窓下に白いラインを入れたものが採用される。この１４８１系は２００１（平成13）年11月まで、12年以上にわたり、活躍を続ける。

そして、１４８１系に代わる5代目鮮魚列車用車両として、名古屋線急行用だった２６８０系モ２６８４＋モ２６８３＋ク２７８２が登場。3両編成で、冷房・トイレ付きは１４８１系と同じだが、初代から4代目までが付けていたサボはなくなり、一般の通勤用車両と同様の方向幕には「鮮魚」の文字が表記される。塗装も１４８１系のものを継承しているが、白のラインは正面窓下だけとなったので、１９８６（昭和61）年以前の通勤車標準色だったマルーン塗装が復活したような感じを受ける。

この２６８０系による鮮魚列車は、運転を開始してからも早20年近い年月が経過している。現在では「行商専用列車」は近鉄の鮮魚列車が全国でも唯一の存在となっており、

２６８０系はその座を守り抜いているが、製造が１９７１（昭和46）年のため車齢も上限に達しつつある。２６８０系に代わる6代目鮮魚列車については、まだ話は聞かないが、２６８０系にはバドンを渡すまで、走り続けてもらいたいものである。

なお、鮮魚列車は4代目・5代目とも専用車両による3両・１本の編成だけが使用されるため、工場入場時などには4両編成の２６１０系が代走する。一般の通勤車両では方向幕に「鮮魚」の表記がないため、昔懐かしい「鮮魚列車」のサボが付けられることで、沿線でカメラやスマホを向けるファンの姿も見かけられる。なお、２６１０系の代走時には座席部分にビニールシートが被せられるほか、車内広告も撤去されるなど、行商人と一般客の双方に対する配慮がなされている。

近畿日本鉄道の沿革(全体)

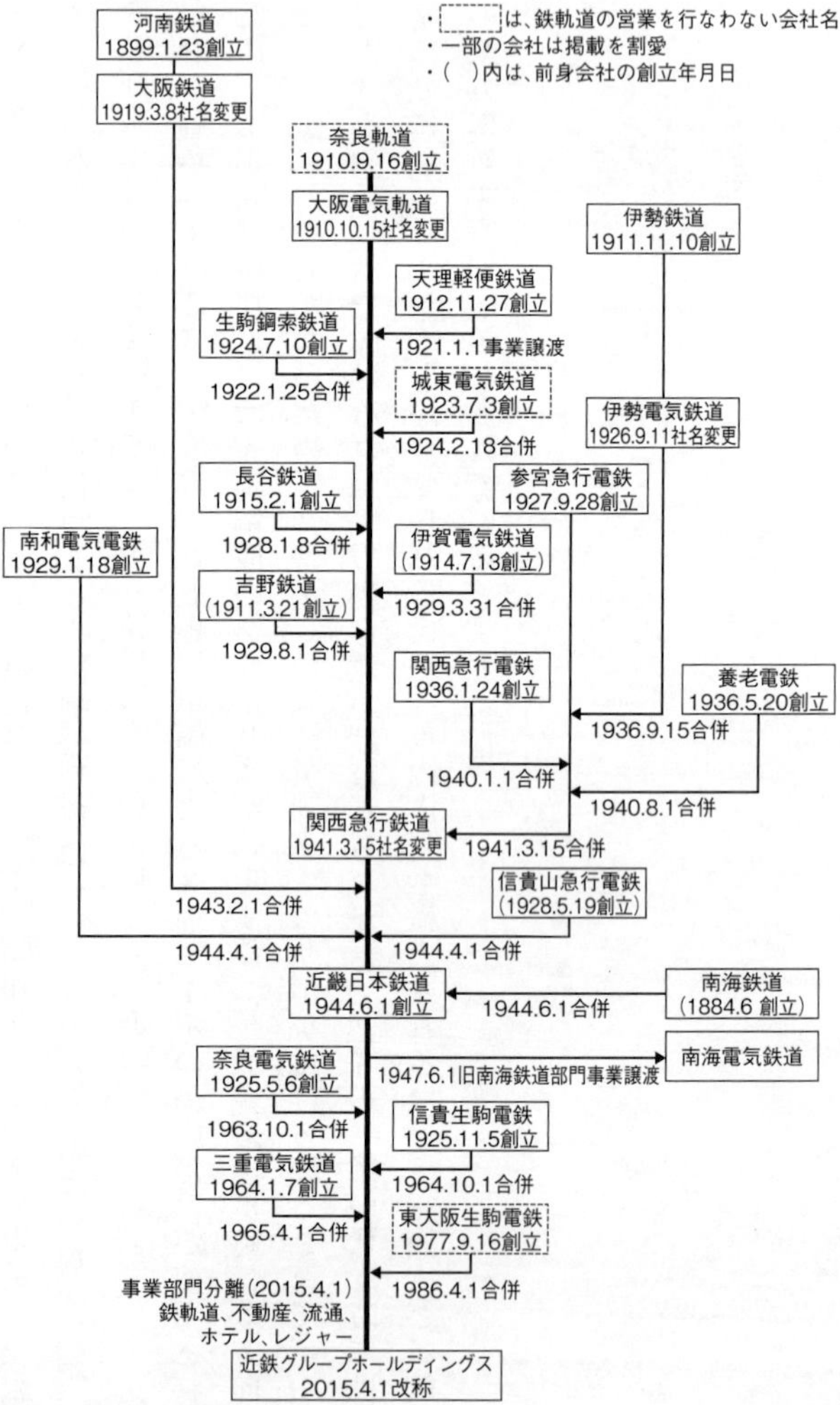

主な参考文献

『近畿日本鉄道80年のあゆみ』 近畿日本鉄道 1990
寺本光照・林 基一『決定版近鉄特急』 ジェー・アール・アール 1985
寺本光照編著『まるごと近鉄 ぶらり沿線の旅』 七賢出版 1997
徳田耕一『近鉄の廃線を歩く』 JTBパブリッシング 2006
田淵 仁『近鉄特急・上』 JTBパブリッシング 2004
三好好三『近鉄電車』 JTBパブリッシング 2016
天野太郎『近鉄沿線ディープなふしぎ発見』 実業之日本社 2017
川島令三『図説日本の鉄道 東海道ライン全線・全駅・全配線 第8・9巻』 講談社 2009
『近畿日本鉄道・参宮特急史』 プレス・アイゼンバーン 1978
『きんてつの電車』 近畿日本鉄道 1993
『日本鉄道旅行地図帳 関西1』 新潮社 2008
『鉄道ピクトリアル』 鉄道図書刊行会（臨時増刊号を中心とする関係各号）
『鉄道ファン』 交友社（関係各号）
『近鉄時刻表』 近畿日本鉄道 1974～2018
『JR時刻表』 交通新聞社（関係各号）
『私鉄車両編成表』 交通新聞社（関係各号）

◇特記以外の写真は筆者撮影

あとがき

筆者にとって、物心がついてから近鉄電車と関わりを持ったのは、第2章でも記したように、小学1年生だった1956（昭和31）年の夏休みに、名古屋地下駅ホームに停車する6421系電車を見たことに始まる。クリーム色と濃青のスマートな車体。そして、清潔感溢れる純白のリネンが掛けられた紺色の一方向に向いた座席に、私鉄の看板電車らしい気品と風格を感じ、憧れとともに鉄道に対して興味を抱くようになった。

こうして、筆者を鉄道趣味の道に導いてくれたのは近鉄特急であり、以来古希も近くなった現在にいたるまで、特急車を含む近鉄電車は運輸運転史研究とともに、趣味活動の中でも中心的分野であり、過去にも近鉄に関する著書は2冊上梓させていただいたほか、鉄道情報誌にも何度か記事を発表させていただいている。

今回、交通新聞社からの勧めもあり、『こんなに面白い！近鉄電車100年』を執筆する機会を与えていただいた。しかし、なにぶんにも近鉄は1914（大正3）年に大阪～奈良間30・6㎞を開通させた大阪電気軌道が母体でありながらも、近隣の鉄軌道と幾多の合併を繰り返すことにより、現在の大規模私鉄の地位を築き上げた会社である。そのため合併により最終的に近鉄の一員となった鉄道会社の中には、伊勢電気鉄道や参宮急行電鉄、大阪鉄道のように、今でいう大手私鉄にランクされる会社も存在し、沿革史をひもとき、車両の変遷を時系列にまとめるだけでも大変な作業となった。しかも、この事項だけは絶対に外すことができないなどと思って執筆しているうちに、ボリュームが嵩み、第1章だけでも約半分のスペースを割くことになってしまった。

そのため、第2章以下では解説項目を厳選して執筆を行なったため、当初予定していた項目のうち割愛を余儀なくされたものが生じたのは残念だったが、その分、執筆した項目については写真や図版、図表を挿入するなど、できる限り分かりやすく解説させていただいたつもりである。本書により、読者の方には近鉄をはじめとする鉄道へのご理解と愛情を一層深めていただき、趣味や研究推進の一助となれば、幸いである。

本書の企画・出版にあたり、格段のご高配を賜った交通新聞社の鳥澤誠、伊藤真一、長岡彩香の各氏、編集にご尽力をいただいた大野雅弘氏には、心から感謝するとともに、厚く御礼を申し上げます。

2019（令和元）年8月　寺本光照

寺本光照（てらもと　みつてる）
鉄道研究家・鉄道作家。1950（昭和25）年1月大阪府八尾市生まれ。甲南大学法学部卒業。鉄道友の会会員。幼少の頃より鉄道に興味を抱き、高校生の頃から鉄道趣味誌に投稿を始める。国鉄～JRや関西私鉄（特に近鉄・京阪・南海）の車両、列車、鉄道施設等の紹介記事のほか、写真、紀行文、評論文など多彩な著作活動を続ける。主な著書に『決定版近鉄特急』（ジェー・アール・アール・共著）、『まるごと近鉄　ぶらり沿線の旅』（七賢出版・編著）、『国鉄・JR列車名大事典』（中央書院）、『国鉄・JR関西圏近郊電車発達史』『国鉄・JR悲運の車両たち』（JTBパブリッシング）、『永久保存版ブルートレイン大全』『国鉄遺産名車両100選』（洋泉社）、などがある。

交通新聞社新書137
こんなに面白い！ 近鉄電車100年
その巨大さと複雑な歴史をひもとく
（定価はカバーに表示してあります）

2019年10月15日　第1刷発行
2019年12月 6 日　第2刷発行

著　者――寺本光照
発行人――横山裕司
発行所――株式会社　交通新聞社
https://www.kotsu.co.jp/
〒101-0062　東京都千代田区神田駿河台2-3-11
NBF御茶ノ水ビル
電話　東京（03）6831-6560（編集部）
東京（03）6831-6622（販売部）

印刷・製本―大日本印刷株式会社

ISBN978-4-330-01219-3